AF502314

DROIT ROMAIN

LES
COLLEGIA TENUIORUM

DROIT FRANÇAIS

ÉTUDE SUR LES

CONGRÉGATIONS RELIGIEUSES DE FEMMES

LÉGALEMENT RECONNUES

THÈSE POUR LE DOCTORAT

PAR

Georges SURUGUE

PARIS

LIBRAIRIE NOUVELLE DE DROIT ET DE JURISPRUDENCE

ARTHUR ROUSSEAU

ÉDITEUR

14, Rue Soufflot et rue Toullier, 13

1894

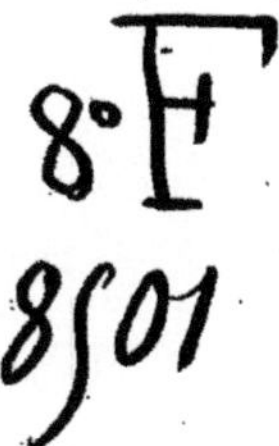

DROIT ROMAIN

—

LES COLLEGIA TENUIORUM

BIBLIOGRAPHIE

MOMMSEN. — *De Collegiis et sodaliciis.*

LIEBENAM. — *Zur Geschichte und Organisation des rœmischen Vereinswesens.*

MARQUARDT (Trad. Brissaud). — *Le Culte chez les Romains.*

BOMPARD. — (Thèse 1888) *Sur le Crime de Lèse-Majesté.*

BRUNS. — *(Editio quinta) cura Théodori Mommseni, Orelli, Heuzen.*

G. BOISSIER. — *La Religion romaine.*

DESMARETS. — *Législation et Organisation des sociétés de secours mutuels 1872.*

TERTULLIEN. — *Apologétique.*

CASSAGNADE. — (Thèse 1883.) *Des personnes morales.*

DURUY. — *Histoire romaine.*

LEVASSEUR. — *Histoire des classes ouvrières en France.*

BOUCHÉ-LECLERC. – *Institutions romaines.*

FUSTEL DE COULANGES. — *La Cité antique.*

INTRODUCTION

Nous nous proposons d'examiner, dans cette étude, une des manifestations les plus intéressantes et, en même temps, les plus obscures du droit d'association à Rome : les *collegia tenuiorum* ou collèges de petites gens plus ordinairement connus, jusqu'à ces derniers temps, sous le nom de collèges funéraires.

Ces associations ont joui, sous l'Empire romain, d'une grande faveur et semblent avoir contribué puissamment à l'adoucissement du sort misérable des faibles et des pauvres dans la société des premiers siècles. Aussi, nous a-t-il paru intéressant de chercher à mettre en lumière, autant que nous le permettraient les rares documents que nous avons pu consulter, les traits caractéristiques et à dégager les origines et le but d'institutions que les mœurs et un état social particulier rendaient alors nécessaires.

Nous diviserons ce sujet en six sections :

CHAPITRE I. — Aperçu sur le droit d'association à Rome : régime préventif, régime répressif.

Les *collegia tenuiorum,* sont simplement soumis au régime répressif.

CHAPITRE II. — Motifs de la faveur dont jouirent les *collegia tenuiorum.*

CHAPITRE III. — Conditions de formations et d'exis-tence de ces collèges.

CHAPITRE IV. — De leur fonctionnement : dignitaires, réglementation des funérailles; banquets périodiques. — Les *collegia tenuiorum* ont-ils formé de véritables sociétés de secours mutuels ? — Personnalité civile.

CHAPITRE V. — Extinction et dissolution.

CHAPITRE VI. — Du rôle des *collegia tenuiorum* à l'avènement du Christianisme. Confréries du moyen-âge et de nos jours. — Conclusion.

CHAPITRE PREMIER

APERÇU SUR LE DROIT D'ASSOCIATION A ROME. RÉGIME RÉPRESSIF, RÉGIME PRÉVENTIF. — LES *collegia tenuiorum* SONT SIMPLEMENT SOUMIS AU RÉGIME RÉPRESSIF.

Aussi loin qu'on remonte dans l'histoire de Rome, on constate l'existence d'associations nombreuses, constituées en vue de sauvegarder les intérêts les plus divers. Les Romains, avec leur sens pratique et leur esprit éminemment utilitaire, avaient, de tout temps, compris le parti qu'ils pouvaient tirer de l'association, ce puissant moyen d'action, qui permet à l'homme d'accomplir de grandes œuvres, grâce à des efforts collectifs dirigés dans le même sens et pouvant se répéter, pendant une très longue durée, avec la même intensité.

Plutarque nous apprend que les collèges d'artisans *collegia opificum*, au nombre de neuf, furent fondés par Numa (1). Cette tradition est généralement admise (2) quoique Florus semble attribuer à Servius Tullius l'honneur de l'innovation (3).

Il est assez rationnel, d'ailleurs, de penser que Numa, qui avait déjà institué les collèges de prêtres, ait songé aussi, dans un but politique, à effacer, par la création des collèges d'artisans, toutes traces de la vieille haine qui pouvait exister encore entre les Sabins et les Romains. Ces collèges se développèrent rapidement. Organisés à une époque où l'influence religieuse était très grande, ils avaient généralement leur dieu protecteur et célébraient leurs fêtes dans le temple consacré à ce dieu, de même que, plus tard, les corporations du Moyen-Age honoraient les saints qu'elles avaient choisis comme patrons.

A côté des *collegia opificum* on rencontre les *sodalitates*, associations religieuses qui remontent aussi à une haute antiquité ; elles sont mentionnées dans la loi des XII Tables (4) et quelques-unes existaient déjà

(1) PUTARQUE NUMA 17.

(2) FLORUS, I, 6. 3.

(3) MOMMSEN, *de Coll. et Sod.* p. 27. — LIEBENAM. *Zur. Geschichte und Organisation des rœmischen Vereinswesens*, p. 3. MARQUARDT. *Le culte chez les Romains*. Trad. Brissaud, p. 166.

(4) GAIUS, *Dig.* 47.22.4.

sous Romulus (1). — Les *sodalitates* (2) peuvent être divisées en deux groupes :

D'une part, des associations exclusivement patriciennes, qui ne comprenaient probablement, à l'origine, que des membres d'une même famille ; mais elles perdirent assez rapidement ce caractère pour se transformer en simples associations d'amis qui, tous, devaient avoir une origine patricienne. Elles célébraient, en commun, des sacrifices ou des repas sacrés dans certains temples, et avaient pour but unique d'entretenir des relations amicales entre leurs membres, (3).

D'autre part les *collegia compitalicia* ou associations de carrefour, ces collèges, à la différence des précédents, se composaient de plébéiens, de paysans, d'affranchis, de pauvres gens, en un mot qui, sans ancêtres ni culte de famille, se choisissaient un dieu dont la statue s'élevait au carrefour des chemins et lui offraient en commun des sacrifices. Peu à peu ils prirent l'habi-

(1) *Triditanus d'après Macrobe,* I, 16, 32.

(2) En Grèce, nous trouvons des associations du même genre, les hétairies.

(3) Mommsen, *de Coll. et sod.* p. 2 et s. *Festi ep.* p. 296 : *Sodales dicti quod una sederent et essent vel quòd ex suo dato vesci soliti sint, vel quod inter se invicem suaderent quod utile esset.*

tude de se réunir plus souvent et périodiquement et ils célébrèrent des jeux en l'honneur de ce dieu improvisé. — Les associations de ce genre ont dû être très nombreuses.

Entre tous les *sodales,* qu'ils fussent patriciens ou plébéiens, il y avait des obligations reconnues et analogues à celles qui existaient entre *cognati*. Le lien, qui les unissait, n'était pas seulement religieux ; il avait aussi certains effets civils. C'est ainsi qu'un *sodalis* ne pouvait en matière criminelle se porter accusateur d'un autre *sodalis* ; il lui était également interdit de se faire l'avocat de l'accusateur (1).

Les *sodalitates* ne donnèrent lieu, au début, à aucune suspicion ; c'étaient nous le répétons, de simples associations d'amis qui se devaient certains égards et dont l'union était rendue plus étroite par le sentiment religieux (2). Mais, plus tard, elles formèrent sous le nom de *collegia sodalicia* (3), des associations politiques dangereuses aux mains de démagogues

---

(1) CICÉRON. *De pet. cons.* V. 16. — *Id pro cœlio,* 11,26. Dig, 48. 11.8.

(2) Varron se plaint seulement que leurs banquets fréquents faisaient augmenter le prix des vivres.

(3) LIEBENAM, op. cit. pag. 13. — MOMMSEN, *de colleg.*, p. 32 et s.

ambitieux et sans scrupules, et les pouvoirs publics durent les dissoudre à plusieurs reprises, jusqu'au jour où, sous l'Empire, elles disparurent complètement en tant que clubs politiques (1).

Nous n'avons rien à dire ici des collèges de prêtres, qui étaient des associations religieuses officielles chargées de célébrer le culte public et qui ne peuvent en aucune façon être assimilées aux diverses sociétés purement privées qui viennent d'être énumérées.

A quel régime étaient soumises, à Rome, toutes ces associations ? L'autorisation préalable était-elle exigée pour leur formation ? Ou bien ces sociétés pouvaient-elles se fonder librement, à condition seulement de respecter les lois existantes ? Autrement dit, les Romains avaient-ils admis, en cette matière, le système répressif ou le système préventif ?

Pour éclaircir ce point, qui fait encore aujourd'hui l'objet de discussions fort intéressantes, nous devons examiner successivement ce qui se passait sous la République et sous l'Empire.

(1) Sous l'Empire ces associations devaient être considérées comme dangereuses, même quand elles fonctionnaient normalement. Leur existence même était une menace perpétuelle pour la tyrannie soupçonneuse des empereurs.

Sous la République, la simple lecture des textes nous paraît fournir la preuve certaine que toutes les associations sont tolérées aussi longtemps qu'elles se conforment aux lois de l'État. La loi des XII Tables, rapportée par Gaius (1), pose d'une façon formelle, le principe de liberté qu'elle emprunte, d'ailleurs, à une loi de Solon.

Les associés peuvent s'organiser comme ils l'entendent, pourvu qu'ils ne troublent pas l'ordre public, *dum ne quid ex publica lege corrumpant*. Donc la liberté était complète à cette époque, et nous ne voyons, pour notre part, d'autres entraves à cette liberté que la garantie suprême pour l'État qui résulte de ces grands principes. « *Salus publica suprema lex* » et « *jus publicum privatorum pactis mutari non posse* ».

Cependant les auteurs ont soutenu que, sous la République, ces associations étaient soumises au régime de l'autorisation préalable. Sur quels textes fondent-ils leur opinion ?

Un rhéteur de l'époque d'Auguste, Porcius Latro (2)

______

(1) *Dig.* 47.22.4.

(2) Porcius Latro, *Decl. in Catilin*, 19 : *primum XII tabulis cautum, esse cognoscimus, ne quis in urbe cœtus nocturnos agitaret, deinde lege Gabinia promulgatum, qui contiones (coitiones?) ullas clandestinas in urbe conflaveril more maiorum capitali supplicio multetur.*

nous a conservé un fragment de la *loi des XII Tables,* qui défend les réunions de nuit, et une certaine *loi gabinia* qui prohibe les réunions secrètes ; on a fait évidemment ici une confusion : ces textes, en effet, ne s'appliquent qu'aux assemblées publiques, que seuls les magistrats avaient le droit de convoquer et non aux sociétés proprement dites : on voulait simplement éviter les séditions.

Il n'est pas davantage permis d'invoquer, dans le sens de cette opinion, le sénatus-consulte de l'an 186 av. J.-C. qui prononce la dissolution de la Congrégation dite des Bacchanales et qui déclare qu'il n'y aura plus d'associations de ce genre à Rome. Les désordres très graves, auxquels cette congrégation avait donné lieu, expliquent, sans difficulté, les mesures prises en cette circonstance.

Nous estimons qu'il y a même là un argument de plus en faveur du système répressif. En effet, c'est précisément parce que la congrégation en question s'était formée librement et parce qu'elle avait abusé d'une liberté inscrite dans la loi qu'il fut nécessaire de recourir à des moyens extraordinaires pour la dissoudre lorsqu'elle devint menaçante pour la sécurité publique.

Nous avons vu que, sur la fin de la République,

des associations dites *collegia sodalicia* s'étaient formées sur le modèle des *sodalitates* et avaient inspiré
des craintes très vives aux pouvoirs publics. Ces collèges dissous par un sénatus-consulte de l'an 690 de
l'ère romaine furent rétablis par la *loi Claudia* en 696.
La loi *Licinia de sodaliciis* (699 avant J-C.) fut dirigée
aussi contre les *collegia sodalicia*, créés pour faciliter
les menées politiques de quelques ambitieux qui as-
piraient à détruire la République.

Ces textes ne sont que des lois de circonstance,
pour ainsi dire, s'appliquant à des sociétés, d'un genre
particulier et présentant un caractère inquiétant pour
la sûreté de l'État. Il n'y a pas, là, d'atteinte au principe de la liberté d'association et les lois précitées
sont plutôt des applications du régime répressif.

La liberté d'association consacrée sous la République a-t-elle été maintenue sous l'Empire ?

Le régime impérial, confisquant toutes les libertés
publiques, ne pouvait guère en respecter une qui semblait menaçante pour son existence, surtout après
les excès dont les *collegia sodalicia* s'étaient rendus
coupables.

Auguste, nous dit Suétone (1), supprima toutes les
associations d'origine récente :

(1) SUÉTONE, Octave, 32.

« *Plurima factionès titulo collegii novi ad nullius non facinoris societatem coibant : igitur collegia praeter antiqua et legitima dissolvit* »

Il renouvelait une prohibition de César rapportée également par Suétone (1).

« *Cuncta collegia praeter antiquitus constituta dissolvit* ».

C'est une loi *Julia de Collegiis* rendues ous Auguste et mentionnée dans une inscription découverte par Mommsen en 1847 (2) qui pose le principe nouveau : cette loi défend, sous peine de lèse-majesté (3) toute

(1) Suétone, César, 42.

(2) Orelli. 6097.

(3) Le crime de *lèse-majesté* n'a pas, à l'époque impériale, le même caractère que sous la législation républicaine.

Sous la République, l'accusation de *lèse-majesté* constitue pour le peuple souverain un moyen légal d'exiler quiconque porte ombrage à sa puissance et menace la liberté ; elle est très large, très vague et peut porter sur les actes les plus divers. C'est le peuple offensé qui juge lui-même et prononce la sentence.

Avec l'Empire, le caractère du crime de *lèse-majesté*, absolument utilitaire au début, se modifie en partie ; l'accusation toujours aussi vague devient un moyen de persécution et de vengeance. En principe, l'Empereur, dont l'autorité s'est substituée à celle du peuple, fait comparaître devant lui et punit sévèrement celui qui s'est rendu coupable à son égard d'un attentat ou du moindre manquement au respect dû à la majesté impériale.

participation à des associations non autorisées par le Sénat ou par l'Empereur (1).

Dans l'intervalle qui sépare les règnes d'Auguste et d'Hadrien fut rendu un Sénatus-consulte (2) qui prohibe les *collegia sodalicia* et les collèges de militaires dans les camps, mais qui exempte, d'une façon générale, de l'application de la loi *Julia*, les *Collegia tenuiorum* ou associations funéraires.

Marcien fait allusion à cette immunité remarquable, qui fut étendue aux provinces par Sévère, dans un fragment du Digeste au titre de *collegiis et corporibus* (3).

Le passage du Sénatus-consulte, qui dispense les *collegia tenuiorum* de l'autorisation préalable, est re-

---

Les peines les plus dures sont édictées : le délateur est largement récompensé, et dans la plupart des cas l'institution protectrice de la liberté au début n'est plus qu'un odieux instrument de tyrannie. (Voir Bompard. Thèse 1888, sur le crime de *lèse-majesté.*

(1) La date de cette loi Julia, qui soumet les associations à un régime restrictif sévère, nous fournit une preuve nouvelle, et non la moins décisive, que, sous la République, la liberté d'association était consacrée, en principe, et que c'est seulement à l'avènement d'Auguste, que furent prises les premières mesures générales de prohibitions.

(2) Dig. 3. 4. 1 pr.

(3) Dig 47.22. 1 pr.

produit dans une inscription relatant une délibération du collège de Lanuvium *(Lex collegii Dianœ et Antinoï* 138 av. J.-C.) que nous retrouverons et qui éclaircit un grand nombre de points laissés obscurs dans le fragment de Marcien (1).

La règle est donc certaine : sous l'Empire, sauf l'exception importante que nous venons de signaler et quelques autres très rares faites en faveur de certains collèges par des Sénatus-consultes, nous nous trouvons en présence du système préventif appliqué dans toute sa rigueur.

(1) BRUNS, MOMMSEN, p. 315.

CHAPITRE II

MOTIFS DE LA FAVEUR DONT JOUIRENT LES *collegia tenuiorum*
SOUS L'EMPIRE ROMAIN

Nous avons constaté que les Empereurs, qui avaient posé le principe de l'autorisation préalable en matière d'association, s'étaient montrés extrêmement favorables à certains collèges dits *collegia tenuiorum* (1), qui pouvaient se fonder et se développer avec une liberté presque complète, à la condition seulement de se conformer à quelques prescriptions générales contenues dans le sénatus-consulte rappelé par Marcien.

Ce privilège est très remarquable et il importe de rechercher, dès maintenant, avant d'étudier l'organisation de ces associations, les raisons qui ont dû con-

(1) Ces associations paraissent n'avoir jamais joué de rôle politique de nature à éveiller les soupçons des empereurs romains

duire les Empereurs à user d'une aussi grande tolérance à leur égard.

Et d'abord, comment ces collèges ont-ils pris naissance ?

Il serait puéril de penser qu'ils se sont formés de
toutes pièces sous l'Empire pour répondre à un besoin
nouveau. Les Romains ne procédaient jamais ainsi:
Chez ce peuple, où la tradition est toute puissante et
où chaque institution se rattache d'une façon étroite
à celle qui la précède, les innovations étaiént rares :
les lois et les règles primitives se modifiaient peu à
peu et, par des transformations ingénieuses et insensibles, se pliaient aux exigences nouvelles.

Mommsen (1), qui, le premier, démontra que les
collegia tenuiorum avaient dû être des associations
pour les funérailles, admet, en effet, qu'un grand nombre de collèges, voués, auparavant, au culte des dieux
de certains temples, ont dû se transformer, à un moment donné, en *collegia funeraticia* ; cette conclusion
se dégage clairement à la lecture de quelques ins-
criptions relatives à des collèges funéraires tels que
Collegium salutare cultorum Dianæ et Antinoï (2)

______

(1) Mommsen, *de Coll. et sod.* p. 14 et s.
(2) Bruns *fontes*, Mommsen, p. 315.

Collegium Œsculapiœ et Hygiœ (1), *collegium Jovis Cerneni* (2).

Les collèges, dont il est question dans ces actes, ont, en effet, comme ceux qui les ont précédés, leurs dieux protecteurs auxquels ils offrent, régulièrement, des sacrifices, et leurs banquets périodiques. Les traits communs sont fort nombreux.

D'autre part, la question de sépulture, qui était devenue, pour les *collegia tenuiorum* la principale sinon l'unique raison d'être, se trouve résolue dans les statuts de nombreuses associations fondées dans un but tout différent (3) mais qui se chargeaient aussi d'assurer à leurs membres défunts les honneurs funèbres. De ce côté encore, rien de nouveau, et les Romains se sont montrés une fois de plus, en notre matière, fidèles au principe traditionnel.

Nous croyons que les anciennes *sodalitates* et parmi celles-là les *collegia compitalicia* servirent de types aux *sodalicia* et aux *collegia tenuiorum*. Les premiers, jugés dangereux, furent dissous et interdits ; les autres, en raison de leur nature plus exclusivement religieuse et des besoins sociaux particuliers auxquels ils répon-

(1) BRUNS, p. 318.
(2) Id. p. 319.
(3) ORELLI, 4103 et 4093.

daient, furent traités avec faveur par les empereurs qui ne virent en eux que l'expression rajeunie d'institutions déjà anciennes et n'ayant jamais inspiré de sérieuses inquiétudes.

Les besoins en vue desquels les *collegia tenuiorum* prirent naissance étaient de deux sortes :

1° Besoin d'union et de vie en commun pour les *tenuiores*.

2° Désir de s'assurer, après la mort, des funérailles convenables, un tombeau et des honneurs funèbres.

Le premier est de tous les temps et se fait sentir aux époques troublées ou de grande misère ; le second s'explique par un trait de mœurs, extrêmement intéressant à étudier dans l'antiquité et surtout à Rome.

Dans cet immense empire romain, tous ceux qui n'appartenaient pas à un corps privilégié comme les *tenuiores*, les petites gens, les faibles, se trouvaient bien isolés, d'où l'idée, toute naturelle pour eux, de s'unir, de s'associer. Le moyen était simple : il suffisait à tous ces pauvres gens de déclarer qu'ils voulaient constituer un collège funéraire ; les empereurs qui avaient tout à redouter des grands, des puissants et qui voyaient, dans cette satisfaction donnée aux petits (1), un intérêt de gouvernement, consentirent facilement à se départir, en leur faveur, de la sévérité qu'ils déployaient toutes les fois qu'il s'agissait de fonder d'autres associations qu'ils jugeaient dangereuses pour leur sécurité.

Les services rendus aux classes souffrantes par les *collegia tenuiorum* ont dû être immenses. Pendant la vie, les réunions, les banquets, les fêtes célébrées en commun en l'honneur des dieux protecteurs du collège mettaient un peu de joie dans l'existence misérable d'une foule de déshérités heureux de goûter les douceurs d'une affection mutuelle et les avantages d'une condition momentanément meilleure.

Après la mort, tous ceux qui avaient fait partie du même collège, se trouvaient réunis à nouveau et pour toujours, dans un tombeau commun ou emportaient tout au moins le certitude qu'ils seraient ensevelis suivant les rites.

Cette préoccupation de s'assurer une sépulture convenable est, sans aucun doute, la cause principale de la création des *collegia tenuiorum*.

(1) L'histoire nous offre des exemples nombreux de la condescendance des Empereurs romains à l'égard du bas peuple auquel ils prodiguaient les fêtes et les festins, (*panem et circenses*).

Les anciens, en effet, attachaient une grande importance à la question des funérailles (1) ; il fallait que les morts fussent ensevelis avec toutes les cérémonies prescrites par la religion et qu'on leur rendît régulièrement les honneurs funèbres.

L'âme, qui, d'après les croyances romaines, restait attachée au corps, devait être fixée éternellement avec lui dans le tombeau ; sinon elle errait misérablement et malheureuse, elle devenait bientôt une cause de calamités pour les vivants (2). La privation de sépulture était considérée comme le malheur le plus terrible, aussi les Romains prenaient-ils les précautions les plus minutieuses, dans l'ordre d'idées que nous venons d'indiquer, pour assurer à leur âme le bonheur éternel.

Les *collegia tenuiorum* constituaient, à leurs yeux, un moyen très sûr d'atteindre ce but pour tous ceux qui, sans famille ou privés de ressources, pouvaient craindre de ne pas recevoir les honneurs funèbres.

Le caractère de perpétuité du collège offrait, à ce point de vue, une garantie précieuse aux *tenuiores* et

(1) Fustel de Coulanges. *La Cité antique*, chap. I.
(2) On peut remarquer que les prescriptions de la religion romaine s'accordaient merveilleusement avec les règles les plus élémentaires de la salubrité publique.

à la société elle-même tout entière, intéressée à éviter les vexations des âmes vagabondes et malheureuses qui s'acharnaient après les vivants dont elles avaient à se plaindre

Nous verrons, plus loin, que les *collegia tenuiorum* semblent avoir formé, à la fin, des sociétés de secours mutuels ou que, tout au moins, ils ne se bornèrent plus à assurer à leurs membres décédés le prix de la sépulture. Si un pareil résultat a été obtenu, ils auraient eu, de ce chef, un titre de plus, et non le moindre, à la bienveillance des pouvoirs publics.

CHAPITRE III

DES CONDITIONS DE FORMATION ET D'EXISTENCE DES *collegia
tenuiorum*.

Le texte fondamental, en notre matière, est un fragment de Marcien, déjà cité, et qui est ainsi conçu :

« Mandatis principalibus præsidibus provinciarum
« ne patiantur esse collegia sodalicia neve milites col-
« legia in castris habeant.

« *Sed permittitur tenuioribus stipem menstruam*
« *conferre dum tamen semel in mense coeant ne sub*
« *prœtextu hujusmodi illicitum collegium coeat,* quod
« non tantum in urbe sed et in Italia et in provinciis
« locum habere divus quoque Severus rescripsit. Sed
« religionis causa coire non prohibentur, dum tamen
« per hoc non fiat contra senatusconsultum quo
« illicita collegia arcentur (1). »

(1) Dig. 47. 22, pr. et 1.

Ce texte contient, d'abord, une injonction faite aux gouverneurs de provinces de ne pas tolérer l'existence des *collégia sodalicia* (nous avons déjà parlé de cette prohibition) et d'associations de soldats dans les camps, puis il pose, d'une façon formelle, en ce qui concerne les *collegia tenuiorum*, le principe de liberté qui fut étendu par Sévère aux provinces, moyennant certaines conditions que nous allons étudier en complétant, à l'aide de l'inscription qui relate l'acte constitutif du *collegium salutare cultorum Dianæ et Antinoï*, les renseignements fournis par le fragment de Marcien. Le rédacteur de l'inscription de Lanuvium s'exprime ainsi :

« Quibus coire convenire collegiumque habere liceat. Qui stipem menstruam conferre volent in funera in it collegium coeant, neque sub specie ejus collegii nisi semel in mense coeant conferendi causa, unde defuncti sepeliantur (1). »

De ces deux textes combinés, il résulte que, pour constituer un collège funéraire avec dispense d'autorisation préalable, il fallait réunir les conditions suivantes :

1° Appartenir à la catégorie des *tenuiores*.

____

(1) Ce texte a été ainsi restitué par Mommsen. *De coll.* p. 98.

2° Verser une cotisation mensuelle dans une caisse commune.

3° Ne se réunir qu'une fois, par mois pour payer la somme nécessaire à la sépulture des membres décédés, avec la tolérance que comportait le sénatus-consulte en matière religieuse.

Examinons ces trois conditions.

1° Il fallait appartenir à la catégorie des *tenuiores*, (le texte dit : *sed permittitur tenuioribus*), les petites gens : c'étaient les pauvres (ceux qui reçoivent des secours publics) (1) les artisans, les affranchis, les esclaves. Festus nous dit que les *tenuiores* sont les clients. Les *tenuiores* sont tous ceux, en un mot, qui n'appartenant pas à une grande famille ou à un ordre privilégié, et qui, isolés et dépourvus de ressources, s'associaient pour s'assurer une sépulture convenable et peut-être des secours en cas de maladie ou de trop grande détresse.

En ce qui concerne les esclaves nous possédons un texte très net de Marcien (3) :

« Servos quoque licet in collegio tenuiorum recipi volentibus dominis, ut curatores horum corporum

(1) BOTTON. *Des coll. d'artisans en D. R, Paris*, 1882, p. 11.
(2) LIEBENAM, *op. cit.*, p. 40, note 3.
(3) *Dig.* 47. 22. 3-2.

sciant ne invito aut ignorante domino in collegium tenuiorum reciperent et in futurum pæna teneantur in singulos homines aureorum centum. »

Ce texte exige l'assentiment formel du maître de l'esclave et les *curatores* de l'association qui avaient admis des esclaves malgré le maître ou sans son autorisation expresse, s'exposaient à une peine sévère, à une amende très forte (*centum aureorum*).

Cette prescription était nécessaire : l'esclave à Rome ne pouvait, en effet, disposer de sa personne, sur laquelle le maître avait un droit de propriété absolu ; il n'était, aux yeux du droit civil primitif tout au moins, qu'une chose (*res mancipi*). En fait, il est vrai, sa condition était supérieure à celle que lui faisait la loi positive. Mais la dérogation que nous indiquons, n'en devait pas moins être exprimée formellement. Les maîtres refusaient, d'ailleurs, rarement l'autorisation qu'on leur demandait, de sorte que, grâce à l'institution bienfaisante des *collegia tenuiorum*, les esclaves échappaient, dans une certaine mesure, aux rigueurs du droit civil.

2° Obligation de payer un droit d'entrée, une cotisation mensuelle (*stips menstrua*) et d'avoir une caisse commune (*arca*).

L'inscription de Lanuvium nous apprend que pour

lesadorateursde Diane et d'Antinoüs, le droit d'entrée
était fixé à cent sesterces ; le nouveau venu devait
joindre à cette somme une amphore de bon vin.

« Placuit universis ut quisquis in hoc collegium
« intrare voluerit dabit Kapitulari nomini H.S.C. num.
« et vini boni amphoram, item in menses singulos
« amphoram vini. »

La cotisation mensuelle était fixée à cinq as.

L'esclave autorisé à faire partie du collège devait
prélever, sur son pécule, la somme nécessaire pour
payer le droit d'entrée et sa cotisation : or, de droit
commun, il ne pouvait disposer de son pécule sans
l'autorisation du maître et cette particularité nous
fait encore mieux comprendre pourquoi le texte exige
si impérieusement le consentement de ce dernier pour
que l'esclave puisse faire partie du collège.

3° Les membres de l'association ne devaient se réunir qu'une fois par mois (*semel in mense*) pour verser
la somme nécessaire à la sépulture de ceux qui venaient à décéder.

En réalité, les collèges pouvaient se réunir beaucoup plus souvent, le sénatus-consulte permettant, en

(1) On peut soutenir que, dans une certaine mesure, l'esclave,
en vertu de la loi du collège, dispose de son pécule a titre gratuit, ce qu'il ne pouvait jamais faire d'après le droit civl.₁

outre, toutes les réunions tenues dans un but religieux *(religionis causa)* et nous verrons plus loin
quel parti fut tiré de cette disposition, qui fournis-
sait un prétexte facile d'éluder la loi.

Il fallait, en principe, l'inscription de Lanuvium
nous donne une règle formelle sur ce point, que la
caisse commune servît à assurer une sépulture dé-
cente aux *tenuiores* decédés. C'était la condition la
plus essentielle et, cette condition remplie, les pouvoirs publics fermaient facilement les yeux sur certaines dérogations à la loi pourvu qu'elles ne fussent
pas trop graves et qu'elles n'altérassent pas outre
mesure le caractère du collège.

Le but de l'association et ses conditions d'existence
étaient définis, conformément aux règles précitées
dans les statuts consignés ensuite sur *l'album*, ou
gravés sur la pierre ou l'airain, afin que les magistrats et le public pussent en prendre connaissance.
Quand le collège avait ainsi, en quelque sorte, fait
part de sa naissance, il pouvait vivre et se développ-
per sans autorisation impériale.

Cette situation spéciale motivée par les raisons déjà indiquées dut produire les meilleurs résultats dans
cette société corrompue de l'Empire où la plus grande
misère cotoyait l'opulence. Les collèges funéraires,

quoiqüe modestes, avaient, en effet, une grande influence morale, car, par leur action bienfaisante, l'at-
ténuation de certains maux qui en résultait, ils con-
tribuaient beaucoup à contenir les révoltes et à apai-
ser les colères, souvent légitimes, de ceux qui avaient
le plus à souffrir d'un état social si imparfait.

Aussi le Sénatus-Consulte et les mesures qui furent prises par les Empereurs en vue de faciliter le
fonctionnement de ces associations, peuvent-ils être
considérés comme des actes très politiques. L'intérêt
personnel des Césars, le souci de leur tranquillité devaient, d'ailleurs, les pousser dans cette voie au moins
autant que la pression de l'opinion publique et des
mœurs.

CHAPITRE IV

Fonctionnement des *collegia tenuiorum* : Dignitaires ; Réglemen_tation des funérailles ; Banquets périodiques. — La *collegia tenuiorum* ont-ils formé des sociétés de secours mutuels ? Personnalité civile.

Dignitaires. — Si nous pénétrons dans la vie intime des collèges formés, suivant les règles précédemment indiquées nous constatons qu'il y avait à leur tête un certain nombre de dignitaires chargés de veiller au bon fonctionnement de l'association.

Les chefs portaient le nom de *curator* (1) *magister collegii* (2), *quinquennalis* (3).

Ils étaient assistés de questeurs (4) qui géraient les finances de l'association.

Le collège de Lanuvium nommait, en outre, des magistrats préposés à l'organisation des banquets (*magistri cenarum*).

(1) Colleg-Œscul et Hygioe.
(2) Coll. Lan. Alburnense.
(3) Colleg, Lanuv.
(4) Colleg Alburnense.
Bruns. *Editio quinta cura Theodori Mommseni*, p. 315 à 320.

Ces fonctionnaires étaient élus par les membres de l'association, ce qui ne peut étonner, étant donné le caractère égalitaire et, pour ainsi dire, démocratique du collège.

Le *Quinquennalis*, ainsi que son nom l'indique, exerçait ses fonctions pendant cinq ans.

Avant d'entrer en charge, le *magister collegii* était tenu de fournir une caution chargée de répondre de son administration des fonds de la caisse commune et de l'accomplissement fidèle de tous ses devoirs.

« Et cautionem suam, in qua eis caverat recepisse (1). »

L'inscription de Lanuvium nous fait connaître que les administrateurs du collège qui avaient bien géré recevaient, dans tous les partages, des parts plus fortes que les autres membres de l'association :

« Quisquis quinquennalitatem gesserit integre, et
« ob honorem partes sesquiplas ex omni re dari ut et
« reliqui recte faciendo idem sperent. »

Pendant la durée de leurs fonctions, ils étaient dispensés de payer leur cotisation (2) : le texte le dit sous une forme un peu énigmatique :

(1) COLLEG. ALBURNENSE-BRUNS, 329, *in fine*.
(2) Ces avantages prouvent bien que les membres du collège

« Quisquis in hoc collegio factus fuerit is a sigillis
« ejus temporis quo quinquennalis erit immunis esse
« debebit, item scribæ et viatori a sigillis vacantibus. »

Il s'agit ici du timbre (*sigillis*), qui accompagnait la
quittance attestant que chaque membre avait payé sa
cotisation, or, le *quinquennalis* n'était pas astreint à
cette formalité, ce qui implique qu'il n'était pas tenu
de subir cette part contributive.

Le *quinquennalis* avait droit au respect des membres
du collège et une amende très forte était infligée à
quiconque l'avait injurié pendant les repas.

« Si quis Quinquennali inter epulas opprobrium
« aut quid contumeliose dixerit ei multa esto S XX
« numm. »

Le *quinquennalis, magister* ou *curator*, assisté des
questeurs, administrait la caisse commune et exerçait
un certain droit de police (1).

Enfin, les jours de fête, c'était lui qui était chargé
de faire les libations et les sacrifices en l'honneur des
dieux protecteurs du collège.

« Item placuit ut Quinquennalis sui cujusque tem-

étaient pauvres, et que, si les administrateurs étaient choisis
parmi les plus éclairés, ils n'étaient assurément pas toujours les
plus riches.

(1) Colleg. OEscul et Hygiæ, in fine.

« poris diebus solemnibus ture et vino supplicet et
« ceteris officiis albatus fungatur et diebus natalibus
« Dianœ et Antinoï, oleum collegio in balneo publico
« ponat, antequam epulentur. »

Réglementation des funérailles. — Les dignitaires, dont
il vient d'être parlé, devaient veiller à ce que le col·
lège s'acquittât des devoirs qui lui incombaient et qui
en étaient, d'ailleurs, la raison d'être.

Nous connaissons le premier de ces devoirs : le collège, en effet, était, avant tout, une association pour
les funérailles, et le *magister collegii* se trouvait être,
pour ainsi dire, le grand ordonnateur de cérémonies
funèbres.

Afin de donner une sépulture convenable à ceux
de ses membres qui venaient à décéder, et leur rendre
les honneurs funèbres prescrits par la religion, le
collège pouvait procéder de deux façons:

Si ses ressources le lui permettaient, il construisait
un tombeau commun, *Columbarium*, ainsi nommé,
parce que les urnes contenant les cendres des morts
étaient déposées dans des niches analogues à celles
pratiquées dans les colombiers. Le *columbarium* était
installé sur le modèle des tombeaux des grandes
familles romaines. L'association se chargeait des
frais d'entretien et faisait aux époques fixées par les

rites, les libations et sacrifices nécessaires pour le repos de l'âme des *tenuiores* décédés (1).

Mais, le plus souvent, et c'est ainsi que procédait le collège des adorateurs de Diane et d'Antinoüs, qui était pauvre, on se bornait à payer les frais des funérailles et à acheter un tombeau. L'inscription de Lanuvium nous donne, sur ce point, des détails très complets quant aux diverses obligations auxquelles étaient soumis le collège et les membres qui en faisaient partie.

Il importe, tout d'abord, de remarquer que, pour avoir droit aux funérailles, le défunt devait remplir deux conditions :

1° Avoir payé régulièrement sa cotisation, car le texte nous dit que celui qui avait négligé d'accomplir cette formalité, pendant deux mois consécutifs, alors même qu'il aurait fait un testament n'était pas enseveli avec les honneurs funèbres.

« Item placuit ut quisquis mensibus continuis II
« non pariaverit et ei humanitus acciderit, ejus ratio
« funeris non habebitur etiamsi testamentum factum
« habuerit. »

Cette exigence s'explique par le caractère souvent

(1) Boissier. *La religion romaine.*

précaire, au début tout au moins, de l'association ; la sanction était sévère, mais nécessaire, pour assurer le paiement régulier des cotisations sans lequel le collège était destiné à disparaître à bref délai.

2° La mort devait être naturelle.

L'inscription de Lanuvium nous apprend. en effet, qu'en cas de suicide, pour une raison quelconque, le défunt perdait également son droit aux funérailles.

« Quisquis ex quâcumque causa mortem sibi « adsciverit, ejus ratio funeris non habebitur (1). »

(1) Cette décision curieuse ne peut trouver son explication dans les principes de la religion romaine qui ne voyait, dans le suicide, rien de repréhensible. Il semble plutôt qu'on ait voulu éviter au collège l'obligation de faire des funérailles à un membre qui se serait donné la mort peu de temps après son admission.

Il existe, actuellement, en Autriche, des sociétés qui présentent, avec les *collegia tenuiorum*, l'analogie la plus complète. Les unes se chargent uniquement des frais funéraires de leurs membres décédés ; les autres se bornent à allouer des secours en cas de maladie. Pour faire partie de celles-ci il faut avoir moins de cinquante ans ; on ne peut être admis dans celles-là qu'après soixante et un an

Le bénéfice de la gratuité des funérailles n'existe qu'au profit de ceux qui appartienennt à l'association depuis plus d'un an. *Les suicidés ne sont pas enterrés aux frais de la société.* — C'est presque la reproduction des règles de l'inscription de Lanuvium.

(DESMARETS. Législation et organisation des sociétés de secours mutuels. 1872.)

Le défunt étant en règle vis-à-vis de la loi du collège, il fallait encore distinguer suivant qu'il avait fait ou non un testament.

1° Il y avait un testament.

Dans ce cas, le *Quinquennalis* versait aux mains de l'héritier institué une certaine somme destinée à subvenir aux frais des funérailles et qui portait le nom de *funeraticium*. Cette somme variait suivant la richesse de l'association : elle était de trois cents sesterces pour le collège de Lanuvium ; sur ces trois cents sesterces, cinquante étaient répartis entre les membres du collège qui avaient assisté aux obsèques.

« Item placuit ; quisquis ex hoc corpore nostro
« pariatus decesserit, cum sequentur ex arca HSCCC
« nummi, ex qua summa decedent ex quiari nomine
« HSL n. qui ad rogus dividentur ; exequiæ autem
« pedibus fungentur. »

2° Le défunt n'avait pas institué d'héritier.

Alors, comme le successeur désigné par la loi inspirait une certaine défiance, (nous retrouvons ici une application de cette idée toute romaine en vertu de laquelle la succession testamentaire fut toujours considérée comme la succession par excellence), le *quin-*

quinnalis et le collège lui-même prenaient les mesures nécessaires.

« Si quis intestatus decesserit, is arbitrio Quinquen-
« nalis et populi funerabitur ».

La *lex collegii Lanuvii* porte que, si le décès s'était produit à une distance de Lanuvium inférieure à vingt milles, et, si la nouvelle en était connue à temps, le collège devait déléguer trois de ses membres chargés de régler les funérailles ; au retour, ces délégués rendaient leurs comptes et on leur allouait 20 sesterces pour frais de déplacement. En cas de fraude, ils étaient punis d'une amende du quadruple.

« Item placuit : quisquis a municipio ultra milita-
« rium XX decesserit et nuntiatum fuerit, eo exire
« debebunt electi ex corpore nostro homines tres,
« qui funeris ejus curam agant et rationem populo
« reddere debebunt sine dolo malo, et si quit in eis
« fraudis causa inventum fuerit, eis multa esto qua-
« druplum ».

Si le décès s'était produit à plus de vingt milles de Lanuvium, celui qui avait bien voulu se charger d'ensevelir le défunt et d'avancer les fonds nécessaires, obtenait le remboursement de ses frais à la condition de faire attester le fait par sept citoyens romains.

« Quodsi longius a municipio supra mill, XX de-
« cesserit et nuntiari non potuerit, tum is qui eum
« funeraverit testator rem tabulis signatis sigillis ci-
« vium romanorum VII et probata causa funerati-
« cium ejus, satisdato amplius neminem petiturum
« deductis commodis et exequiario, a lege collegi da-
« ri sibi petitio a collegio ; dolus malus abesto. »

Une difficulté grave pouvait se présenter en ce qui
concerne les esclaves. Si le maître, par méchanceté
(*iniquitate*), refusait de livrer le corps du défunt au collège auquel il appartenait, celui-ci faisait alors à l'esclave des funérailles fictives (*funus imaginarium*) ; on
brûlait une statue de cire représentant le mort et l'on
vouait à l'exécration publique le maître assez cruel
pour priver de sépulture un membre du collège. Il n'y
avait, là, qu'une pure satisfaction morale, mais le texte
va plus loin en faveur de l'esclave : si celui-ci avait
fait un testament, ce testament nul, d'après le droit
civil, était respecté par le collège, et l'héritier institué
pouvait réclamer le *funeraticium* sur lequel le maître,
de même, d'ailleurs, que le patron de l'affranchi, ou
un créancier quelconque, n'avait aucun droit ; le
funeraticium ne pouvait être détourné de sa destination.

« Neque patrono, neque patronæ, neque domino,

« neque dominæ, neque creditori, ex hoc collegio
« ulla petitio esto, nisi si quis testamento heres no-
« minatus erit. »

L'importante exception au droit civil, que nous venons de signaler, est extrêmement remarquable et
nous aide à comprendre l'influence considérable
qu'ont eue les *collegia tenuiorum*, pour le relèvement
matériel et moral de la condition de l'esclave à Rome.
Pendant sa vie, durant les quelques heures qu'il passait au sein du collège, il avait l'illusion de la liberté
et oubliait momentanément sa condition misérable ;
après la mort, sa mémoire était respectée et le maître
assez barbare pour lui refuser les honneurs de la
sépulture était flétri par l'opinon publique. Le droit
civil lui-même, si dur pour l'esclave, fléchissait devant la loi du collège et, grâce à l'existence des *collegia tenuiorum*, on peut dire que, si l'esclave vivait
dans la servitude, il avait du moins la consolation
suprême de mourir en homme libre.

Banquets et fêtes périodiques.— Nous l'avons dit déjà,
les *collegia tenuiorum*, dont l'uniqne but était, en principe, d'assurer à leurs membres les honneurs funèbres, ne pouvaient, aux termes du senatus-consulte
de Marcien, se réunir qu'une fois par mois (*semel in
mense*) pour s'occuper des affaires communes ; mais,

peu à peu, les réunions sous un motif religieux (*religionis causa*), que le texte admettait, devinrent plus fréquentes et, sous ce prétexte, les collèges se réunissaient, pour ainsi dire, en toute liberté.

Les raisons, étaient d'ailleurs, faciles à trouver : c'était l'aniversaire de la fondation du collège, la fête de l'Empereur, celle des bienfaiteurs de la société, des magistrats, etc. On organisait alors, un banquet qui eut toujours, aux yeux des Romains, un caractère religieux.

Comme les anciennes *sodalitates*, auxquelles ils ont probablement emprunté leur organisation, les *collegia tenuiorum* finirent par avoir leurs banquets périodiques et nombreux.

Au moment où le collège des adorateurs de Diane et d'Antinoüs fut fondé, la *lex collegii* porte que les banquets n'auront lieu que six fois par an, à des dates fixées d'avance ; mais il est probable que, plus tard, comme dans les autres collèges, ces banquets se répétèrent plus souvent.

Tous les détails de ces repas étaient réglés avec le plus grand soin.

L'inscription de Lanuvium nous apprend que des *magistri cenarum* étaient chargés, sous peine de payer une forte amende, de veiller aux apprêts du festin.

Chaque convive devait avoir devant lui une amphore
de bon vin, un pain de deux as et quatre sardines.

Pendant ces repas, on devait bannir tout souci ;
c'était l'heure où tous les pauvres gens qui faisaient
partie du collège oubliaient leur condition misérable
et se livraient complètement à la joie ; les esclaves
eux-mêmes, choyés, flattés par leurs amis, goûtaient
les douceurs de la liberté comme au jour des Satur-
nales.

Il était expressément défendu de parler affaire pendant les repas, qui devaient être entièrement consacrés aux réjouissances. Les plaintes et les réclama-
tions, de toutes sortes, n'étaient accueillies que dans
les réunions où se discutaient les intérêts de collège :

« Si quis quid queri aut referre volet in conventu
« referant, ut quieti et hilares diebus solemnibus
« epulemur. »

L'affranchissement d'un esclave appartenant au
collège augmentait encore l'allégresse générale. Pour
célébrer cet heureux évènement, le nouvel affranchi était tenu d'offrir à ses compagnons une amphore de vin :

« Item placuit, ut quisquis servus ex hoc collegio
« liber factus erit, is dare debebit vini amphoram.»

L'inscription ne dit pas qui devait payer les frais

du banquet. Le repas organisé, suivant les règles contenues dans le texte, était bien frugal ; mais il paraît difficile d'admettre que les adorateurs de Diane et d'Antinoüs, si pauvres qu'ils fussent, n'aient jamais songé à ajouter quelques mets plus délicats au menu prévu par la *lex collegii* et l'on est amené à penser qu'il n'est question, dans ce texte, que des mets dont le prix devait être payé sur le fonds commun provenant des cotisations.

Les *collegia tenuiorum* avaient, d'ailleurs, d'autres revenus que le produit des cotisations mensuelles : la plupart d'entre eux obtenaient la plus grande partie de leurs ressources de riches protecteurs (*patroni*) qui étaient comme les grands dignitaires honoraires de l'association. Le collège le plus humble pouvait toujours espérer mettre à sa tête quelque riche affranchi, trop heureux de s'élever un peu au-dessus de sa condition vulgaire en se constituant le bienfaiteur du collège qui l'avait choisi.

C'était, pour les associations funéraires, comme du reste pour tous les collèges, d'artisans ou autres (car il s'agit ici d'un usage général et que les idées romaines, comme nous allons le voir, justifient pleinement), c'était, disons-nous, une question grave que le choix d'un protecteur : il fallait, en effet, que ce protecteur fût le plus riche, le plus généreux possible afin que le collège, grâce à ses libéralités, pût multiplier les banquets et augmenter ses ressources ; on prodiguait les flatteries, on rendait toutes sortes d'honneurs aux parvenus enrichis qui ne pouvaient rester insensibles à tant d'hommages et rendaient, en argent, l'equivalent des adulations dont ils étaient l'objet.

Les riches, de leur côté, avaient souvent une raison plus sérieuse de faire partie de ces collèges. Ils possédaient, à la vérité, un tombeau et n'étaient pas obligés, comme les *tenuiores*, de s'associer, pour s'assurer des funérailles et une sépulture, mais cela ne suffisait pas, il fallait encore, pour que l'âme put jouir du repos éternel, que les honneurs funèbres fussent rendus, que les libations et les repas sacrés fussent faits régulièrement sur le tombeau.

Il est intéressant de rechercher les précautions extraordinaires prises, dans ce but, dans leur testament, par de riches romains qui chargeaient, parfois, une longue suite d'héritiers du soin (1) de leur porter après la mort les mets et les fleurs aux époques fixées par la religion. C'était, pour eux, une préoccupation très grande et on s'explique, dès lors, facile-

(1) Orelli, 4366.

ment qu'ils aient songé à s'assurer le concours des collèges funéraires qui, grâce à leur caractère de perpétuité, leur offraient le moyen le plus parfait de procurer à leur âme le bonheur éternel.

Ils procédaient alors d'une façon bien simple : le plus souvent, ils léguaient au collège une certaine somme, à la charge, pour ce dernier, de leur rendre indéfiniment les honneurs funèbres.

L'inscription (1) qui nous a conservé la *lex collegii*

(1) Bruns, p. 318.

Collegium Œsculapii et Hygiæ

Lex collegi Œsculapi et Hygiæ

« Salvia C. f. Marcellina donum dedit collegio Œsculapi et Hygiœ locum ædiculæ cum pergula et solarium tectum pinctum in quo populus collegi supra scripti epuletur ; item eadem Marcellina collegio supra scripto dedit donavitque H S L millia nummum hominibus numero L X sub hac condicione ut ne plures adlegantur, quam numerus supra scriptus, et ut in locum defunctorum loca veniant et liberi adlegantur, vel si quis locum, suum legare volet filio vel patri vel liberto dumtaxat, ut inferat arkæ nostræ partem dimidiam funuratici ; et ne eam pecuniam supra scriptam velint in alios usus convertere, sed ut ex usuris ejus summœ diebus infra scriptis locum confrequentarent ; ex reditu ejus summæ si quod comparaverint, sportulas hominibus n. L X ex decreto universorum dividerent ».

« Item in conventu placint universis, ut diebus supra scriptio ii qui ad epulandum non convenissent, sportulæ et pane et vina

Œsculapiæ et Hygiæ rapportée ci-dessous, nous montre comment une telle libéralité pouvait se faire. Salvia Marcellina, veuve d'un riche affranchi de l'Empereur, nous y est représentée léguant à ce collège une somme de 50,000 sesterces dont les revenus doivent être employés suivant des indications très. précises, contenues dans le testament de la bienfaitrice. Des peines sévères sont édictées contre le *quinquennalis* et les *curatores* qui contreviendraient à ces prescriptions.

Grâce à ces dons, les *collegia tenuiorum* pouvaient

eorum venirent et præsentibus divideretur, excepto eorum, qui trans mare erunt vel qui perpetua valetudine detinetur ».

« Item P. OElius dedit, quod si ea pecunia omnis quæ supra scripta est in alios usus convertere voluerint, quam in eos usus, qui supra scripti sunt, quos ordo collegi nostri decrevit, et uti hæc omnia, quæ supra scripta sunt, suis diebus ut ita fiant dividant que, quod si adversus ea quid egerint sine quid ita non fecerint, tunc quinquennalis vel curatores ejusdem collegi, qui tunc erunt si adversus ea quid fecerint, quinquennalis et curatores supra scripti uti pænæ nomine arkæ nostræ inferant H S X X M. N.

Hoc decretum ordini nostro placuit in conventu pleno quod gestum est in templo divorum in æde divi liti. V. id Mart., G. Bruttio Præsente A. Junio Rufino cos., quinquennali C. Ofilio Hermete, curatoribus P. OElio Aug. lib. Onesimo et C. Salvio Selenco.

multiplier les banquets religieux, en rehausser l'éclat, faire des funérailles plus somptueuses à leurs membres décédés, se constituer enfin un fonds commun, souvent très important, qui dut leur permettre de soulager bien des infortunes et bien des misères.

Les collegia tenuiorum ont-ils formé de véritables sociétés de secours mutuels? — Ces collèges n'ont pas dû remplir, jusqu'à la fin, le rôle exclusif d'associations funéraires chargées d'assurer à leurs membres une sépulture et des honneurs funèbres et on peut se demander si, à un moment donné, élargissant leur champ d'action, ils ne se sont pas transformés, en partie tout au moins, en associations analogues aux sociétés de secours mutuels. Cette extension est si naturelle qu'il semble qu'elle ait dû se produire par la force des choses. La question n'en est pas moins très délicate, car les textes sont muets ou presque muets sur ce point, et cette absence de renseignements rend très difficile la démonstration d'une évolution que l'on devine sans pouvoir l'établir par des preuves certaines.

Cependant des auteurs considérables, Mommsen, Marquardt, Liebenam (1) semblent admettre une trans-

---

(1) MOMMSEN. *De Coll. et sod.* MARQUARDT. Trad. BRISSAUD, p. 173. — *Liebenam zur Geschichte*, etc. p. 40.

formation au moins partielle, une extension des obligations des collèges que nous étudions : le mot de secours mutuels est même prononcé. Pour justifier cette manière de voir, on peut s'appuyer sur les condérations suivantes :

Le produit des cotisations versées par les *tenuiores* devait, il est vrai, être affecté aux frais des funérailles et les libéralilés parfois nombreuses et importantes, émanant de riches particuliers, avaient, en principe, la même destination, mais nous avons pu constater aussi qu'il y avait des repas solennels, que ces repas se multiplièrent et qu'ils finirent par constituer, en réalité, pour les membres de l'association, en dehors du plaisir qu'ils leur procuraient, un véritable secours déguisé, un profit réel qui diminuait d'autant leurs charges.

Souvent, ces repas furent même remplacés par des distributions de vivres et d'argent.

La *Lex collagii Œsculapiœ et Hygiœ* (1) nous apprend, en effet, que la donation d'une riche Romaine, dont nous avons parlé plus haut, comportait, entre autres conditions, l'obligation, pour le *quinquennalis* ou les *curatores*, de distribuer, deux fois par an, une certaine somme aux membres de l'association.

(1) ORELLI, 2417.

Il faut reconnaître que, dans cette distribution, les
magistrats du collège sont les plus favorisés, mais
doit-on en conclure, comme le fait un auteur (1), que
la donation n'avait pas uniquement en vue d'assurer
périodiquement des distributions de secours ? Nous
ne le pensons pas et nous serions assez porté à croire
que l'avantage, dont jouissaient les fonctionnaires en
question, doit être considéré comme une sorte de sa-
laire, de rémunération des services qu'ils rendaient à
l'association.

Dans ces conditions, nous serions en présence d'un
collège dont les membres auraient reçu des secours
périodiques en argent, et cet exemple a dû être évidemment suivi.

Nous nous trouvons dans la nécessité, en l'absence
presque complète de textes sur la question, de faire
des conjectures. Les documents, qui nous renseignent
sur les *collegia tenuiorum*, ne nous font guère connaître que leur organisation pour ainsi dire rudimen-
taire, les règles étroites du début, règles qui ont
certainement fait place, dans la pratique, à des coutu-
mes plus élastiques. Sur les trois collèges qui nous ont
laissé des vestiges de leur existence, deux étaient fort
pauvres, et les ressources, dont ils disposaient, suffi-

____

(1) BOISSIER. *La religion romaine*, p. 334.

saient sans doute, à peine, à assurer le paiement régulier du *funeraticium*. Il ne peut donc, en ce qui les concerne, être question de secours attribués aux membres qui en faisaient partie. Le troisième, au contraire, plus favorisé, pouvait se permettre des largesses et distribuer des secours en nature ou en argent ; c'est le seul renseignement précis que nous ayons sur ce point, mais il suffit, selon nous, pour démontrer que la différence est due à l'importance des ressources dont on disposait.

Mais répétons-le, les associations funéraires se composaient de gens très misérables. Souvent des bienfaiteurs généreux leur donnaient ou léguaient des sommes importantes ; les banquets et les fêtes ne devaient pas absorber complètement les fonds communs, et, très certainement, il devait venir à la pensée des *tenuiores* d'attribuer à ceux d'entre-eux, qui se trouvaient dans une trop grande détresse, une faible part, tout au moins, de l'argent que le collège avait en caisse.

C'est l' opinion, avons-nous dit, d'auteurs considérables : le plus affirmatif est un savant allemand Liebenam, qui a écrit récemment une histoire du droit d'association à Rome, que nous avons déjà citée plusieurs fois. Cet auteur croit très fermement que les associations funéraires ont dû former, à la longue, des sociétés de secours mutuels possédant une caisse de secours en cas de malheur ou de maladie (1). Il s'appuie notamment, pour le démontrer sur deux textes : une réponse de l'empereur Trajan à Pline le Jeune, et un passage de l'Apologétique de Tertullien.

Pline avait demandé à Trajan d'autoriser les habitants d'Amise à s'imposer des contributions volontaires.

Trajan répondit :

« Amisenos quorum libellum epistolæ tuæ junxeras,
« si legibus istorum quibus de officio fœderis utuntur,
« concessum est eranos habere possumus quominus
« habeant non impedire, eo facilius, si tali collatione
« non ad turbas et illicitos cœtus, *sed ad sustinendam*
« *tenuiorum inopiam* utuntur ».

L'Empereur consent à accorder l'autorisation demandée, surtout si l'agent est destiné, non à subvenir aux besoins des associations illicites, mais à

(1) LIEBENAM, *Zur Geschichte und Organisation des rœmischen Vereinswesens*, p. 40.

« Indess dürfte dies, Wie schon von andrer Seite behauptet, nicht der einzige Zweck dieser Vereine gewesen sein, vielmehr müssen wir sie allgemeiner als Unterstützungscassen für Unfall und Krantheit, Vereine zur Selbsthilfe überhaupt fassen. »

secourir les *tenuiores* ; l'opposition paraît bien certaine dans le texte et on peut admettre vraisemblablement que Trajan avait en vue, ici, les *collegia tenuiorum.*

Le second argument est encore plus topique : Tertullien, dans une page célèbre, nous dépeint des sociétés chrétiennes fondées sur le modèle des *collegia tenuiorum* (nous reviendrons sur ce point), véritables associations funéraires elles-mêmes, chez lesquelles, le produit des cotisations servait à constituer un dépôt de piété (une caisse de secours, dirions-nous aujourd'hui), au moyen duquel on subvenait aux besoins des indigents, aux frais des funérailles, à l'entretien des orphelins délaissés, etc. (1).

De tout ceci, il parait résulter que les *collegia tenuiorum* ont eu, avec le temps, certains rapports avec les sociétés de secours mutuels, telles que nous les connaissons aujourd'hui (2) ; l'extension a été lente, mais

(1) « Modicam unus quisque stipem menstrua die, vel cum velit si modo velit et si modo possit, apponit, nam nemo compellitur, sed sponte confert. Hœc quasi deposita pietatis sunt, nam inde non epulis nec potaculis, nec ingratis voratrinis dispensatur, sed egenis alendis humendisque et pueris ac puellis, re ac parentibus destitutis, jamque domesticis, senibus, item naufragiis, etc.

(2) Les unes et les autres ont, d'ailleurs, un trait commun es-

à notre avis, certaine, et elle est à peu près complète quand ces associations, toutes païennes au début, se transforment en sociétés chrétiennes.

Personnalité civile des collegia tenuiorum. — Il semble résulter, de tout ce que nous avons dit jusqu'ici, que les *collegia tenuiorum* ont joui de la personnalité civile; mais il s'agit de préciser et de déterminer l'étendue de cette personnalité.

Auparavant, il nous paraît intéressant et nécessaire de rappeler brièvement quelques principes.

La théorie de la personnalité civile a pris naissance à Rome: Comme toutes les institutions du droit romain, elle s'est perfectionnée, peu à peu, mais ses progrès ont été lents, malgré les puissantes raisons d'utilité pratique, qui militaient en sa faveur.

Il faut, en effet, que l'homme fasse un effort de raisonnement pour concevoir, à côté des êtres physiques, cet être imaginaire, cette pure fiction, la personne morale, dont l'existence est absolument distincte de celle des individus qui la constituent. Profondément différente de l'association, qui n'est qu'un groupement de forces, la personne morale en est, la plupart du temps, le complément nécessaire; toutes deux mar-

sentiel : l'obligation d'assurer des funérailles à leurs membres.

chent parallèlement, se superposent sans se confondre, la seconde s'éteignant aussitôt que l'autre, la collectivité matérielle, a cessé d'exister.

Mais le principal obstacle au développement de la théorie de la personnalité civile se trouve dans une règle du vieux droit quiritaire, auquel les Romains renonçaient si difficilement: la représentation en justice n'était pas admise. Il ne pouvait, notamment, être question de personnes morales à l'époque des Actions de la Loi, alors que la comparution personnelle et effective était exigée, sauf pour l'Etat, *populus romanus*. D'une façon générale, l'impossibilité, presque complète, de se faire représenter dans l'accomplissement des actes juridiques entrava considérablement les progrès d'une institution pourtant indispensable.

Gaïus a donné une définition célèbre de la peronne morale :

« Quibus autem permissum est corpus habere
« proprium est, ad exemplum Reipublicæ habere res
« communes, arcam communem et actorem sive syn-
« dicum, per quem tanquam in Republica, quod com-
« muniter agi fierique opporteat, agatur, fiat. » (L. 1
— 1 Dig. III — 4).

D'après ce texte, le trait caractéristique de cet être nouveau, constitué à l'exemple de l'Etat, est d'avoir

un patrimoine propre distinct de celui des membres
qui le composent.

Sous l'Empire, une autorisation était nécessaire, et
cette autorisation donnait, à la fois, l'existence et la
capacité.

En quoi consistait cette capacité ?

En principe, l'être moral, *universitas*, comme l'appe-
laient généralement les Romains, pouvait avoir, de
même que les individus, des droits et des obligations,
à l'exception, toutefois, des rapports de famille et des
droits qui en découlent.

Cependant, à Rome, les *universitates* jouissaient de
certains droits dits *jura patronatus* sur leurs esclaves
affranchis ; c'était les restes du droit de propriété
éteint par l'affranchissement ; il existait aussi, à leur
profit, une succession *ab intestat* sur les biens de ces
mêmes affranchis.

La concession de la personnalité morale s'opéra
péniblement ; *l'universitas* acquit d'abord le droit de
posséder, d'être propriétaire, d'acquérir, par suite, à
titre onéreux, mais ce n'est que bien plus tard que
celui d'hériter et de recevoir des dons et legs lui fut
reconnu. La difficulté venait surtout, avons-nous dit,
de l'absence de représentation.

L'esclavage facilita, sans aucun doute, la constitution

des personnes morales ; nous savons, en effet, que toutes les acquisitions de l'esclave profitaient au maître, à *l'universitas*, par conséquent, qui en était propriétaire. Mais l'esclave ne pouvait l'obliger; il était donc nécessaire d'imaginer une théorie plus générale : c'est ainsi qu'on arriva à créer, au profit des *universitates*, une sorte de pouvoir de représentation, *sui generis*, appartenant aux membres dont les délibérations engagaient la personne morale ; l'assemblée désignait des agents d'exécution qu'elle n'investissait pas d'un mandat, à proprement parler, mais qu'elle chargeait plutôt d'une sorte de *munus personale* (1).

L'universitas, qui jouissait pleinement du droit de propriété, pouvait acquérir de différentes manières, et notamment par voie de donation ou de succession.

Les libéralités, sous forme de donations entre-vifs, furent les premières permises en faveur des personnes morales; la donation entre-vifs, en effet, pouvait se faire par les modes ordinaires de droit, alors que la donation testamentaire constituait un mode particulier d'acquérir. Tous les textes font allusion à la faculté de recevoir par donation. Nous ajouterons que cette faculté ne subissait pas de restrictions et n'éveillait pas la défiance à Rome, comme de nos jours.

(1) Lois 2 et 4 Code 1.35.

L'universitas ne pouvait recevoir par succession ab
intestat, il s'agit là, en effet, d'un droit de famille dont
la jouissance lui était interdite. Il y avait toutefois une
exception, nous le répétons, en ce qui concerne les
droits de patronage.

Cependant, au Bas-Empire, certaines corporations
notamment les communautés religieuses, purent, par
faveur spéciale, acquérir de cette manière.

L'exigence de la formalité de *l'adition* ne permit
pas non plus, au début, aux personnes morales d'être
instituées héritières ; plus tard, on admit, dans des cas
très rares, il est vrai, que cette formalité serait valablement accomplie par les représentants de l'*universitas*.

Mais, en cette matière, contrairement à ce qui se passait pour les donations, l'État se montra peu favorable
aux acquisitions par succession testamentaire estimant, à juste titre, qu'on est porté à se dépouiller trop
facilement pour le temps qui suivra le décès et, re-
doutant, d'autre part, de voir les corporations acquérir une trop grande puissance par l'accumulation des
biens. (1) On considéra, d'ailleurs, que le droit d'être
institué héritier n'était pas, pour les êtres de raison, un

____

(1) Justinien, toutefois se montra très large à cet égard, notamment en ce qui concerne les églises.

droit essentiel, mais seulement un privilège et on consacra l'incapacitéabsolue de recevoir, de ce chef, pour tous les *corpora*, sauf pour les villes et les muni- cipes.

Les affranchis, cependant, pouvaient instituer l'*uni- versitas*, mais c'était là une conséquence des droits de patronat (1).

Les legs impossibles à l'origine, toujours à cause de défaut de représentation, furent permis par la suite.

L'*universitas* pouvait devenir créancière et débitrice et, comme sanction de ces diverses facultés acquises avec le temps, elle avait le droit d'agir en justice. La majorité de l'assemblée nommait des *actores* et *syn- dici* chargés de figurer dans l'instance, à partir du jour où la représentation fut admise, c'est-à-dire sous le système formulaire. Il était loisible à toute per- sonne de défendre au nom d'une corporation, comme au nom d'un particulier, à la condition de fournir une caution.

L'*universitas* pouvait se dissoudre de trois manières.

1° Par ordre supérieur.

2° Par la mort de tous ses membres : il suffit cepen-

_____

(1) ULPIEN, 22.5. L. 1 § 1 Dig. 38.3.

dant qu'un seul vive encore pour que la corporation subsiste (1).

3° Par l'accord de tous ses membres.

En principe les biens possédés par la corporation éteinte passaient au fisc; mais les statuts ou un texte de loi pouvaient en ordonner autrement.

Telle était, en résumé, la situation des personnes morales à Rome : On peut voir, par ce court aperçu, que, dans le dernier état du droit, les jurisconsultes romains avaient admis l'existence de la personnalité civile, avec toutes ses conséquences importantes, telles que, notamment, les droits de posséder, d'acquérir et d'agir en justice.

Revenant à notre point de départ, nous devons rechercher si les *collegia tenuiorum* jouissaient de ces divers avantages.

Nous savons que chaque association funéraire possédait un fonds commun et avait à sa tête des dignitaires chargés de la représenter, d'administrer ce fonds commun et de défendre, en toute circonstance, les intérêts de la collectivité. Pour cela, il fallait pouvoir ester en justice, soit en demandant, soit en défendant; les textes nous permettent d'affirmer que les chefs du collège jouissaient de cette faculté.

(1) L. 7.2 Dig. III, 45.

En effet, tout membre de l'association, qui avait régulièrement payé sa cotisation, acquérait un droit éventuel au *funeraticium* ; c'était une sorte de créance à terme exigible après le décès ; ce droit, il le transmettait à son héritier qui pouvait agir contre la société au cas où celle-ci, pour une raison quelconque, se refusait à verser le prix de la sépulture ; cela résulte clairement de l'incription relative au *Collegium Alburnense in fine* (1); le *magister collegii* y déclare, sous une forme un peu naïve, d'ailleurs, que, le collège étant dissous, tout membre venant à décéder ne pourra (*sic*) réclamer le *funeraticium*.

« Si quis defunctus fuerit ne putet se ab eis aliquem
« petitionem funers habiturum. »

L'argument est sérieux : la réclamation n'est plus recevable, parce que la personnalité civile a disparu ; il n'est plus possible d'agir contre la collectivité représentée par ses magistrats. Mais, avant la dissolution du collège, l'action en justice était certainement accordée.

Les termes de l'inscription de Lanuvium ne sont pas moins précis à cet égard :

« Neque patrono... neque creditori ex hoc collegio
« ulla petitio esto, nisi od quis testamento heres no-
« minatus erit. »

(1) Bruns (Mommsen) p. 319.

On ne trouve pas, il est vrai, dans les textes relatifs aux *collegia tenuiorum*, trace de l'existence d'*actores* ou de *syndici* chargés d'agir en justice au nom
de l'association ; mais, si le mot ne se rencontre pas,
la chose est contenue implicitement dans ces textes
et il n'est pas possible, selon nous, de conclure de ce
silence, suivant quelques auteurs, que les *collegia tenuiorum* qui formaient, sous l'Empire, des associations
privilégiées, aient été privés d'une faculté accordée,
d'une façon générale, par Gaïus à toutes les corporations. (Dig 3, 4, 1, 1).

La capacité de recevoir des dons et legs apparten ait
aussi aux collèges funéraires ; nous avons vu
que les libéralités, émanant de riches particuliers, con-
tribuaient, pour ces sociétés, à augmenter, d'une façon
considérable, le fonds commun. La *Lex Collegii Œscu-
lapii et Hygiœ* ne laisse aucun doute à cet égard :

Salvia c. f Marcellina donum dedit collegio Œscu-
lapii et Hygiœ, etc. (1)

Ces collèges pouvaient également acquérir à titre
onéreux ; l'occasion s'en présentait toutes les fois, par
exemple, qu'un de leurs membres venait à décéder
sans avoir institué d'héritier : Le *quinquennalis* avait,
alors, la charge de s'occuper de tous les détails des

(1) Bruns, (Mommsen) p. 318.

funérailles et d'acheter, notamment, un tombeau pour le défunt.

Tout cela est certain, et nous pouvons, dès lors, affirmer que les *collegia tenuiorum* possédaient la personnalité civile avec toutes ses conséquences juridiques et pratiques.

A Rome, comme de nos jours, nous l'avons vu, une société ne possédait la capacité civile qu'autant qu'elle était autorisée par le gouvernement.

Or, par une faveur très grande, les *collegia tenuiorum*, qui n'étaient pas tenus de solliciter la reconnaissance légale, possédaient cependant la capacité la plus étendue et, notamment, le droit illimité d'acquérir à titre gratuit qui en est le trait le plus caractéristique ; il est vrai ,qu'on peut dire que le texte de Marcien contenait implicitement une sorte d'autorisation générale pour toutes les associations funéraires qui se fondaient et fonctionnaient en se conformant aux prescriptions énoncées au Sénatus-Consulte.

CHAPITRE V

Les associations funéraires pouvaient être dissoutes de deux manières :

1° Par décret impérial, si le collège ne se confor-
mait pas aux prescriptions de la loi.

« Collegia si qua fuerint illicita mandatis et consti-
« tutionibus et senatus consultis dissolvuntur, sed
« permittitur eis cum dissolvuntur, pecunias com-
« munes si quas habent dividere pecuniam que inter
« se partiri » (Dig. 47. 22. 3 pr).

Cette intervention du gouvernement ne devait se
produire que dans des cas particulièrement graves.
Les Empereurs évitèrent, sans doute, de prendre des
mesures de rigueur trop fréquentes à l'égard de collèges, qui, nous l'avons vu, jouissaient d'une grande
popularité, et qui, d'ailleurs, en raison de la liberté
relative que leur laissait le sénatus-consulte de Marcien, pouvaient assez facilement fonctionner, sans
s'exposer à violer la loi.

Le législateur prévoyant décide qu'en cas de dissolution, les biens constituant le fonds commun seront partagés entre les membres du collège. C'était important à dire, car, la société étant personne civile, les associés ne se trouvaient pas investis d'un droit de propriété sur ce fonds commun ; après la disparition de l'être moral, seul propriétaire, les biens de la collectivité se trouvaient sans maître et appartenaient à l'État (1).

2º Par le consentement des membres de l'association.

Les collèges funéraires étaient parfois obligés de se dissoudre parce qu'ils ne comptaient plus assez d'adhérents ou parce que les cotisations n'étaient pas payées régulièrement. C'était alors une véritable liquidation.

Les pauvres gens, qui composaient les *collegia tenuiorum*, manquaient de l'esprit de suite, qui fait les œuvres durables, ou étaient souvent trop misérables pour verser, tous les mois, la somme, pourtant bien modique, qui leur était demandée, à titre de cotisation.

Une inscription découverte en 1790 (*Mommsen de Colleg.* p. 94) nous a conservé la copie d'une décla-

____

(1) Cette disposition nous prouve, une fois de plus, que les *collegia tenuiorum* jouissaient de la personnalité civile la plus étendue.

ration extrèmement curieuse dans laquelle le *magister collegii* fait connaître au public que le collège est obligé de se dissoudre parce que les cotisations ne sont plus payées et que le nombre des membres est descendu de cinquante-quatre à dix-sept. Ce magistrat déclare, et il insiste sur ce point, qu'il a rendu ses comptes aux membres présents, que ceux-ci se sont partagé l'argent qui n'avait pas été absorbé par les frais des funérailles, et qu'à partir de ce jour, le collège dissous n'accueillera plus aucune demande tendant à obtenir le prix de la sépulture pour un membre décédé (1).

(1) Bruns, (Mommsen), page 319. *Collegium funeraticium, alburnense.*

« Descriptum et recognitum factum ex libello, qui propositus erat Alburno majori ad statione Resculi, in quo scriptum erat id quod infra scriplum est :

« Artemidorus Appolloni magister collegi Jovis Cerneni, et Valerius Niconis et offas Menofili questores collegi ejusdem posito hoc libello publici testantur.

« Ex collegio supra scripto, ubi erant homines LIII ex eis non plus remasisse ac Alburnum quam quot homines XVII ; Julium Juli quoque commagistrum suum, ex die magisteri sui non accessisse ad Alburnum, neque in collegio, seque eis qui præsentes fuerunt, rationem reddidisse, et si quit eorum habuerat, redde, disset sine funeribus, et cautionem suam, in qua eis caverat recepisset, modoque autem neque funeraticis sufficerent neque

Nous estimons que l'événement, que nous venons de rapporter, ne devait se produire qu'à l'origine, quand le collège n'avait pas encore eu le temps de se faire connaître. Nous savons, en effet, que cette association ordinairement n'était pas réduite à ses propres forces et que, presque toujours, des dons importants venaient augmenter les ressources de la caisse commune. — On peut conjecturer, croyons-nous, sans trop s'aventurer, qu'une fois formés, les *collegia tenuiorum*, — si, à de certaines époques, leurs ressources étaient plus ou moins grandes, leur action plus ou moins efficace, — avaient toujours du moins une longue durée, et que leur dissolution devait être un fait très rare.

loculum aberet neque quisquam tam magno tempore diebus quibus legi continetur, convenire voluerint aut conferre funeraticia sine munera. Seque id circo per hunc libellum publice testantur, ut, si quis defunctus fuerit, ne putet se collegium abere aut ab eir aliquem petitionem funeris habiturum.

« Propositus Alburno majori V Idus Febr. imp. L. Aurelio Vero III et Quadiato eos. Actum alburno majori.

CHAPITRE VI

DU ROLE DES *collegia tenuiorum* A L'AVÈNEMENT DU CHRIS-
TIANISME. — CONFRÉRIES DU MOYEN AGE ÉT DE NOS JOURS. —
CONCLUSION.

Les *collegia tenuiorum*, en raison des faveurs dont
ils jouissaient, ont dû constituer un des facteurs les
plus importants du développement du christianisme
à Rome (1).

A une époque, où les sociétés de toute nature étaient
soumises à une surveillance sévère, les premiers chrétiens qui se recrutaient, pour la plupart, parmi les
pauvres, les *tenuiores*, trouvaient, dans les *collegia
tenuiorum*, un moyen facile de se réunir sans autorisation et sans trop éveiller les susceptibilités du pouvoir qui les considérait comme des ennemis de l'État.

(1) LIEBENAM, p. 267. *Ich meine, dass jene Erleichterung der
Vereinsgründung, welche zu Gunsten der collegia tenuiorum
gesetzliche verfügt war auch den Christen zu Gute kam.*

En effet, comme le dit si justement M. Duruy dans son *Histoire des Romains* (1).

« Alors la culte était une partie du patriotisme et la
« première des institutions de la cité ; sa prospérité
« semblait faire celle de l'État, de sorte que tout ce
« qui menaçait la religion officielle était une menace
« contre l'État lui-même. »

Les persécutions, dont les chrétiens furent l'objet de la part des empereurs romains, n'étaient donc pas inspirées par le désir d'empêcher telle ou telle doctrine de triompher (cela importait peu aux Romains dont le caractère pratique s'affirme en toute circonstance,) mais par la volonté bien arrêtée de faire respecter les traditions religieuses qui avaient fait la force de Rome. On poursuivait les chrétiens comme perturbateurs de l'ordre social et on les punissait comme les coupables de trahison envers l'État ou de lèse-majesté.

Il fallait donc que les chrétiens, pour vivre et se réunir à l'abri des poursuites, constituâssent des sociétés dont l'étiquette ne pouvait éveiller, au début tout au moins, les défiances de l'autorité impériale ; un moyen existait : les *collegia tenuiorum* ; leur organisation paraissait bonne pour le but à atteindre ; il n'y

(1) Tome IV, p. 509.

avait qu'à l'adopter et à l'approprier aux besoins nouveaux.

Tertullien, dans une page connue, déjà citée (1),
nous donne des détails intéressants sur ces réunions
de chrétiens, sur les collèges nouveaux qu'il compa-
re aux collèges païens. Il fait, à la vérité, le procès de
ces derniers, mais nous retrouvons, dans cette des-
cription, la plupart des traits saillants qui caractéri-
saient les *collegia tenuiorum* : une caisse commune,
une cotisation mensuelle *(stips menstrua*, les expres-
sions sont les mêmes), la nomination des plus dignes,
comme chefs de l'association, par les suffrages des
membres du collège. Nous découvrons enfin, dans ce
texte, que, tout au moins, aux mains des chrétiens,
les associations funéraires se préoccupaient d'assurer
des secours aux pauvres.

Il y a évidemment, dans ce passage, beaucoup d'ardeur à faire l'éloge des sociétés chrétiennes. Empor-
té par la passion religieuse, Tertullien nous paraît
flétrir, avec quelque injustice, les fêtes et les banquets répétés des *collegia tenuiorum* des païens (2).

(1) Apolog. 39.
(2) Les sociétés chrétiennes elles-mêmes n'étaient pas, d'ailleurs, à l'abri de toute critique à cet égard. (Saint Augustin. *De
mor. Eccles. cathol.* 34, 76).

Il semble oublier la misère de ceux qui se livraient à ces fraternelles agapes et les consolations qu'ils trouvaient dans ces sortes de fêtes de famille.

Les adeptes du nouveau culte, donc, sous le titre apparent d'associations funéraires, jouissaient en paix des privilèges accordés à ces collèges aussi longtemps que, *sub prætextu religionis*, ils ne mena-çaient pas trop ouvertement la sûreté de l'État. Des milliers de chrétiens firent bientôt partie de ces as-sociations nouvelles où les *columbaria* du paganisme ne tardèrent pas à être remplacés par les catacombes.

Confréries du Moyen-Age. — L'antique organisation des *collegia tenuiorum* se retrouve dans une institu-tion du Moyen-Age qui a laissé des traces jusqu'à nos jours : nous voulons parler des *confréries* qui prirent naissance au XIIIe siècle et se développèrent, concur-remment avec les corps de métiers, dont elles se dis-tinguaient, d'ailleurs, profondément (1).

La confrérie, en effet, était comme la forme reli-gieuse des corporations alors que la jurande en était plutôt la forme civile et politique ; elle constituait une grande famille unie par la foi et heureuse de se réu-nir souvent dans de joyeuses assemblées. C'était une

(1) Tout au moins dans les derniers siècles.

institution éminemment charitable, où la religion et la confraternité occupaient la plus large place ; tous les métiers pouvaient s'y trouver mêlés, toutes les classes confondues, sous le patronage d'un même saint et dans la même chapelle.

« Les statuts du corps de métiers, dit M. Levas-
« seur, dans sa remarquable histoire des classes ou-
« vrières en France, ne s'adressaient en quelque
« sorte qu'au citoyen et à l'artisan ; ceux de la con-
« frérie s'adressaient à l'homme et au chrétien ».

Le lien religieux était donc le seul, au début tout au moins, qui unissait les membres d'une même confrérie. Des précautions minutieuses étaient prises, dans les statuts, pour écarter tout danger des membres de l'association : on implorait pour eux l'assistance divine dans les circonstances graves ; des prières et des messes étaient dites pour le salut de leur âme, de celle de leurs parents, de leurs amis, de leurs bienfaiteurs ; on pénétrait presque dans le détail de leur vie intime. Tout membre d'une confrérie se soumettait, en y entrant, à une réglementation de l'existence spirituelle des plus rigoureuses.

Les réunions à la chapelle étaient fort nombreuses ; on y célébrait les messes en l'honneur du patron, les mariages, les enterrements. Il était absolument indispensable d'assister à ces cérémonies où le sentiment de confraternité réunissait tout le monde, dans la joie comme dans la tristesse. Toute absence, à moins d'excuse légitime, était punie d'amende. (Comm. d'Amiens, II, 27 ann. 1407).

En cas de décès, une délégation des membres de la confrérie était chargée de veiller auprès du corps. (Ord. VII, 397, janvier 1390).

Il va sans dire que toutes ces réunions ne tardèrent pas à devenir des prétextes à débauches et à libations, écarts, d'ailleurs, bien excusables, si l'on songe à l'existence misérable que menaient, pour la plupart, ceux qui appartenaient aux confréries.

A côté de ces réunions de famille, il y avait aussi des fêtes plus solennelles, telles que la fête du patron, les processions générales, l'entrée des rois et des reines et quelquefois leur enterrement. Toute la confréric y assistait en corps avec ses insignes distinctifs, ses armoiries, son costume particulier.

Le caractère charitable des confréries se manifeste en maintes circonstances. Celles qui étaient riches faisaient le jour de leur fête des distributions de secours aux indigents. (Ord. III, 581, statuts du 23 avril 1303).

Mais toutes, riches ou pauvres, et c'est par là surtout qu'elles se rapprochent des sociétés de secours mutuels de nos jours, venaient en aide aux membres de l'association malades ou plongés dans la misère (Ord. VII, 397, janvier 1390).

Quand elles jouissaient de revenus suffisants, elles construisaient même et entretenaient à leurs frais des hospices.

Pour subvenir aux dépenses de l'association, il fallait naturellement une caisse commune alimentée par les cotisations, les amendes fort nombreuses encourues pour infractions aux réglements, les dons et legs émanant de généreux bienfaiteurs, car la confrérie jouissait des avantages de la personnalité civile.

Les administrateurs géraient les finances de la société et devaient rendre leurs comptes. Cette dernière formalité fut même entourée des plus grandes précautions à partir du xviiie siècle.

Sous la Révolution les confréries subirent le sort commun à toutes les congrégations et corporations religieuses.

La loi du 18 août 1792 (art. I) abolit « les familiari-« tés, *confréries,* les pénitents de toutes couleurs, les « pèlerins et toutes autres associations, de piété ou « de charité. »

Les biens des confréries abolies, déclarés domaines

nationaux, furent vendus comme tels ou attribués aux fabriques. (Décrets du 28 messidor an XIII et du 30 déc. 1809).

Depuis le rétablissement du culte, un certain nombre de confréries se sont réorganisées, mais elles ne constituent, dans l'état actuel de notre législation, que des associations de fait. Elles ne peuvent donc acquérir, ni posséder. La jurisprudence la plus récente du Conseil d'État va même jusqu'à refuser aux fabriques le droit d'accepter des dons et des legs pour les confréries, alors même que celles-ci fonctionnent sous leur direction. (C. d'État 1890, Aff. Rembaud).

CONCLUSION

——

De tout ce qui précède il résulte, croyons-nous, que la très ancienne institution des *collegia tenuiorum* peut être considérée comme le point du départ, la forme primitive des sociétés de secours mutuels qui s'y rattachent, à travers le Moyen-Age, par l'intermédiaire des confréries. Le besoin impérieux de solidarité, de fraternité, d'appui mutuel, qui se fait de plus en plus sentir dans la lutte pour la vie, se manifeste surtout quand l'individualisme égoïste, et c'est la loi nécessaire de l'évolution des sociétés, vient à se substituer à la vie en commun.

Deux tendances opposées se produisent : l'homme poussé par le désir instinctif de liberté veut s'affranchir d'une tutelle qui le gêne, faire preuve d'initiative, développer ses facultés sans entraves, mais bientôt il se sent faible, isolé, et s'aperçoit que si, en toutes choses, l'union fait la force, elle lui permet, dans l'ordre des besoins matériels, d'obtenir pour lui-même, exposé à l'interruption de travail, à la maladie, un soulagement si faible qu'il soit, et que seul, souvent, il est impuissant à se procurer, comme aussi elle lui assure, au jour de la mort, des témoignages extérieurs de sympathie.

Il est ainsi conduit à chercher des appuis autour de lui, à se créer, en quelque sorte, une famille factice dont le concours ne devra jamais dégénérer en oppression, dont l'action s'exercera toujours en dehors du for intérieur, dans le but unique que nous avons indiqué.

A Rome, cette évolution commence à se produire quand la *gens* et la clientèle disparaissent: d'abord, c'est à l'occasion d'un acte purement religieux, les funérailles, et sous le couvert de la religion, que les sociétés de secours mutuels prennent naissance; l'élément religieux, peut-être nécessaire à l'origine, domine encore dans les confréries, mais, peu à peu, il s'élimine de lui-même; le mécanisme utile subsiste seul; l'homme conservant l'indépendance complète de la conscience emprunte un supplément de force à l'association, sans rien aliéner de ce qui constitue sa personnalité.

Tel est l'idéal à peu près réalisé par les sociétés de secours mutuels de nos jours, dont l'organisation dans ses grandes lignes, en dehors du côté religieux que nous avons signalé, diffère si peu de ce qui existait il y a de longs siècles. On constate, toutefois, aujourd'hui, cette différence importante, que, sans porter atteinte à la liberté de ces sociétés, l'État leur vient en aide très efficacement, soit en leur accordant des subventions proportionnelles aux sacrifices qu'elles s'imposent, soit en facilitant, par la création de caisses spéciales, l'allocation de pensions de retraite.

LES

CONGRÉGATIONS RELIGIEUSES DE FEMMES
LÉGALEMENT RECONNUES

INTRODUCTION

L'antiquité païenne n'a pas connu les congrégations religieuses, qui ont pris naissance et se sont
développées au sein du christianisme : certains collèges de la Grèce ou de l'ancienne Rome présentent,
sans doute, des analogies avec les communautés de
nos jours ; mais on y chercherait vainement les
traits caractéristiques qui distinguent si profondément ces dernières de toutes les autres associations.

C'est au IVe siècle, qu'apparaissent les premières
congrégations religieuses ; leur nombre s'accrut
rapidement, sous le règne de Constantin, qui, par une
constitution célèbre de l'an 321 (1), conféra en masse,
in globo, la personnalité civile à tous les établissements monastiques. Le droit de tester, en faveur de
ces établissements, fut reconnu sans restriction et,
un peu plus tard, le droit de recevoir par donations
entre-vifs se trouva également consacré.

(1) L. 1. 14 C. 22. 23.

Cette liberté exagérée engendra des abus qui devinrent plus intolérables à mesure que les congrégations se multipliaient, et, plusieurs empereurs cherchèrent à réagir contre un état de choses qui pouvait présenter des dangers.

Julien, que l'histoire appelle l'Apostat, poussant la réaction jusqu'à ses dernières limites, révoqua même complètement les avantages accordés par Constantin.

Son successeur Jovien (Edit de Tarse, an 364) rendit aux communautés religieuses leurs privilèges. Les monastères prirent, alors, un nouvel essor, et des édits durent être rendus pour restreindre leur capacité de recevoir jusqu'au règne de Justinien.

Ce prince, entraîné par une ardeur religieuse qui semble lui avoir fait oublier ses devoirs d'homme d'Etat, se montra d'une tolérance excessive à l'égard des congrégations, qui jouirent, sous son règne, de la plus grande faveur. Il suffit, pour s'en convaincre, de se reporter aux nombreuses dérogations au droit civil concernant les communautés : il est facile de voir que l'Empereur chercha, par tous les moyens possibles, à favoriser leur enrichissement, sans se préoccuper du désordre économique et social qui pouvait résulter de l'extension illimitée des biens de mainmorte.

Durant toute cette période, l'autorisation de l'évêque

était seule exigée pour la fondation des monastères, qui jouissaient de la personnalité civile en vertu de la constitution de 321.

L'autorisation impériale ne fut nécessaire qu'à partir d'une constitution très importante de Nicéphore II Phocas (1) qui posa, d'une façon définitive, la règle de droit public, aux termes de laquelle un établissement religieux ne peut être créé et posséder la capacité d'acquérir qu'avec l'agrément du gouvernement.

Sous l'Ancien Régime, les communautés religieuses, fort nombreuses, d'ailleurs, ne pouvaient prendre naissance qu'avec le consentement de l'évêque diocésain, l'avis des tiers intéréssés (enquête *de commodo et incommodo*), l'autorisation du roi et l'enregistrement des lettres d'autorisation par le Parlement (Edits de 1629, 1659, 1666 et 1749).

La royauté, qui voyait, d'un œil favorable, le développement toujours croissant de ces communautés, ne fut cependant pas sans s'apercevoir qu'il y avait, là, un péril réel pour la société et, à maintes reprises, elle prononça la dissolution des congrégations les plus dangereuses. Mais elles n'en continuèrent pas moins à acquérir une influence de plus en plus

(1) *Corp. juris. Cont. Niceph.* Pɦoc. I. 5.

grande et, à la fin du XVIII⁰ siècle, leur situation était extrêmement prospère.

La Révolution de 1789, qui bouleversa la société française de cette époque et, bientôt ensuite, le vieux monde tout entier, devait s'attaquer, tout au début, à une organisation, dont l'esprit blessait les principes posés dans la Déclaration des Droits de l'Homme et dont les inconvénients, au point de vue économique, éclataient aux yeux de tous.

Un premier décret, rendu par l'Assemblée constituante, le 24 novembre 1789, mit les biens ecclésiastiques à la disposition de la nation.

La loi des 13-19 février 1790 prohiba en France les vœux monastiques (1) :

« La loi constitutionnelle du royaume ne reconnaî-
« tra plus de vœux monastiques solennels des per-
« sonnes de l'un ni de l'autre sexe ; en conséquence,
« les ordres et congrégations réguliers, dans lesquels
« on fait de pareils vœux, sont et demeureront sup-
« primés en France, sans qu'il puisse en être établi
« de semblables à l'avenir » art. 1ᵉʳ.

(1) Le Législateur du Code Civil consacre une prohibition analogue dans l'article 1780 ainsi conçu :
« On ne peut engager ses services qu'à temps ou pour une
« entreprise déterminée. »

La loi du 18 août 1792 vint compléter celle de 1790, en supprimant également toutes les congrégations séculières ecclésiastiques dont les membres, cependant, n'étaient pas liés par des vœux perpétuels.

Les biens possédés par toutes les congrégations disparues furent consfisqués et une pension assurée aux anciens membres de ces corporations (1).

La suppression des associations religieuses fut maintenue par la loi du 18 germinal de l'an X (art. 11). « Toutes les institutions monastiques ont disparu, « dit Portalis au Conseil d'État : elles avaient été mi- « nées par le temps. Il n'est pas nécessaire à la reli- « gion qu'il existe des associations pareilles ; et, « quand elles existent, il est nécessaire qu'elles rem- « plissent le but pieux de leur établissement. La po- « litique, d'accord avec la piété, a donc sagement fait « de ne s'occuper que de la régénération des clercs « séculiers, c'est-à-dire de ceux qui sont vraiment « proposés, par leur origine et leur caractère, à l'exer- « cice du culte. La discipline ecclésiastique ne sera « plus défigurée par des exemptions et des privilèges « funestes et injustes, ou par des établissements arbi- « traires qui n'étaient pas la religion. »

(1) Les lois de 1790 et 1792 sont demeurées en vigueur en ce qui concerne les congrégations religieuses d'hommes seulement.

Quand le culte fut rétabli, un certain nombre de congrégations ne tardèrent pas à reparaître. C'est alors qu'intervint l'important décret-loi du 3 messidor an XII.

Ce décret est ainsi conçu :

« Art. 1. — A compter du jour de la publication du
« présent décret, l'agrégation ou association connue
« sous le nom de Pères de la Foi, d'Adorateurs de
« Jésus ou de Pacanaristes, actuellement établie à
« Belley, à Amiens et dans quelques autres villes de
« l'Empire sera et demeurera dissoute. Seront pareil-
« lement dissoutes toutes autres agrégations ou asso-
« ciations formées, sous prétexte de religion, et non
« autorisées.

« Art. 2. — Les ecclésiastiques composant lesdites
« agrégations ou associations se retireront, sous le
« plus bref délai, dans leurs diocèses, pour y vivre
« conformément aux lois et sous la juridiction de
« l'ordinaire.

« Art. 3. — Les lois qui s'opposent à l'admission
« de tout ordre religieux, dans lequel on se lie par
« des vœux perpétuels, continueront à être exécutées
« selon leur forme et teneur.

« Art. 4. — Aucune agrégation ou association
« d'hommes ou de femmes, ne pourra se former à

« l'avenir, sous prétexte de religion, à moins qu'elle
« n'ait été formellement autorisée par un décret im-
« périal, sur le vu des statuts et règlements selon les-
« quels on se proposerait de vivre dans cette agréga-
« tion ou association.

« Art 5. — Néanmoins les agrégations connues
« sous les noms de Sœurs de la Charité, de Sœurs
« hospitalières, de sœurs Saint-Thomas, de sœurs
« Saint-Charles et de sœurs Vatelottes, continueront
« d'exister en conformité des arrêtés du 1er Nivôse an
« IX, 24 Vendémiaire an XI et des décisions des 28
« Prairial an XI et 22 Germinal an XII, à la charge par
« lesdites congrégations de présenter, sous le délai de
« 6 mois, leurs statuts et règlements pour être vus et
« vérifiés en Conseil d'Etat, sur le rapport du conseil-
« ler d'Etat chargé de toutes les affaires concernant
« les Cultes.

« Art 6. — Nos procureurs généraux près nos cours
« et nos procureurs impériaux sont tenus de pour-
« suivre ou faire poursuivre, même par la voie extra-
« ordinaire, suivant l'exigence des cas, les personnes
« de tout sexe qui contreviendraient directement ou
« indirectement au présent Décret qui sera inséré au
« Bulletin des Lois.

« Art 7. — Le grand juge, Ministre de la Justice, et

« le conseiller d'Etat chargé de toutes les affaires
« concernant les cultes, sont chargés de l'exécution
« du présent décret.

Ce texte contient une innovation : il prononce, en
exécution des lois, de 1790 et de 1792, qu'il confirme
expressément dans l'article 3, la dissolution de toute
congrégation qui s'est formée illégalement, mais, en
même temps, *il pose, dans l'article 4, le principe de l'autorisation par decret impérial,* contrairemeut aux dispositions des lois précitées. Enfin, il fait, par exception, une application de la règle nouvelle en faveur de
certaines congrégations hospitalières de femmes
qu'il autorise, à la charge par elles de soumettre
leurs statuts au Conseil d'Etat.

Plusieurs congrégations d'hommes et de femmes
furent valablement autorisées sous le premier Empire en vertu de ce décret de Messidor, d'ailleurs in-
constitutionnel, et, le 18 février 1809, notamment,
Napoléon mit sous la protection de Mme Mère toutes
les associations hospitalières de femmes qui pouvaient
être reconnues après avoir soumis leurs statuts à
l'approbation impériale (1).

(1) Décret du 18 février 1809. — Art. I. « Les congrégations ou
maisons hospitalières de femmes : savoir, celles dont l'institution a pour but de desservir les hospices de notre empire, d'y

Sous la Restauration les congrégations furent l'objet de privilèges particuliers.

Deux lois très importantes. les concernant, furent votées à cette époque.

1° La loi du 2 janvier 1817 sur les donations et legs aux établissements ecclésiastiques, ainsi conçue :

Art. 1. — « Tout établissement ecclésiastique *re-*« *connu par la loi* pourra accepter, avec l'autorisation « du roi, tous les biens meubles et immeubles ou « rentes qui lui seront donnés par actes entre-vifs ou « par actes de dernière volonté.

Art. 2. — « Tout établissement ecclésiastique « pourra également, avec l'autorisation du roi, ac-« quérir des biens immeubles ou des rentes. »

servir les infirmes, les malades et les enfants abandonnés, ou de porter aux pauvres des soins, des secours, des remèdes à domicile, sont placées sous la protection de Madame notre chère et honorée mère.

Art. 2. — Les statuts de chaque congrégation ou maison séparée seront approuvés par nous et insérés au *Bulletin des Lois*, pour être reconnus et avoir force d'institution publique.

Art. 3. — Toute congrégation d'hospitalières dont les statuts n'auront pas été approuvés et publiés avant le 1ᵉʳ janvier 1810 sera dissoute.

Art. 4. — Le nombre des maisons, le costume et les autres privilèges, qu'il est dans notre intention d'accorder aux congrégations hospitalières, seront spécifiés dans les brevets d'institution.

Art. 3. — « Les immeubles ou rentes appartenant à
« un établissement ecclésiastique seront possédés à
« perpétuité par ledit établissement et seront inalié-
« nables à moins que l'aliénation n'en soit autorisée
« par le roi. »

Cette loi soumet, d'une manière générale, les congrégations à la nécessité d'une autorisation en vertu
d'une loi, et confirme la personnalité civile de celles
qui sont régulièrement reconnues.

Mais ses dispositions vagues et incomplètes furent
jugées insuffisantes en présence du développement
des congrégations de femmes depuis 1815, qui se formaient sans autorisation par suite de l'extrême tolérance du gouvernement.

La loi 24 mai 1825 vint combler les lacunes existant
dans la loi de 1817 ; c'est le texte fondamental en ce
qui concerne les associations des femmes ; nous nous
proposons de l'étudier plus loin en détail.

Les lois de 1817 et de 1825 ont abrogé, relativement
aux congrégations de femmes, les dispositions prohibitives de 1790 et de 1792, qui continuent à subsister pour les associations d'hommes régies actuellement par les lois de 1790, 1792, le Décret de Messidor et la loi générale de 1817.

Les congrégations de femmes peuvent donc se

constituer, d'une manière générale, à la condition de se conformer à certaines formalités indiquées dans la loi de 1825 ; les associations d'hommes, au contraire, demeurent en principe prohibées, et aucune loi organique n'est intervenue en ce qui concerne leur réglementation.

Il résulte de l'exposé qui précéde que les congrégations ont subi des vicissitudes diverses suivant les dispositions plus ou moins favorables des régimes politiques qui se sont succédé.

Sous l'empire de la législation actuelle, les congrégations religieuses se divisent en deux grandes catégories: 1° Celles qui sont reconnues, 2° celles qui n'ont pas reçu du gouvernement la consécration légale.

Les congrégations reconnues, qui seules existent aux yeux de l'État et possèdent la capacité civile, sont de simples établissements d'utilité publique : elles sont, en effet, étrangères à l'organisation légale du culte catholique ; elles ne correspondent pas aux circonscriptions ecclésiastiques et ne découlent ni du Concordat ni des articles organiques.

Parmi les congrégations reconnues, il faut encore distinguer les associations d'hommes et les associations de femmes.

Les premières, ainsi que nous l'avons vu, sont très peu nombreuses, en raison des dispositions prohibitives des lois révolutionnaires.

Les secondes, soumises au régime établi par la loi de 1825 et le Décret du 31 janvier 1852, se sont au contraire multipliées depuis le commencement du siècle.

Nous examinerons les règles posées, dans ces deux textes, relativement aux congrégations de femmes légalement reconnues, et particulièrement la loi de 1825,qui contient les règles les plus importantes concernant la personnalité civile de ces associations.

Ce sujet comprendra quatre chapitres suivis d'une conclusion :

CHAPITRE I. — *Autorisation des congrégations de femmes.*

CHAPITRE II. — *Capacité d'acquérir et de recevoir.*

CHAPITRE III. — *Extinction et dissolution.*

CHAPITRE IV. — *Régime fiscal applicable aux congrégations reconnues. — Taxes de mainmorte et de 3 0/0 sur les valeurs mobilières. — Droit d'accroissement.*

CHAPITRE I

DE L'AUTORISATION DES CONGRÉGATIONS DE FEMMES LÉGALEMENT
RECONNUES.

L'autorisation est un acte de la puissance publique qui donne à la congrégation religieuse, comme à tout autre établissement laïque, l'existence légale, qui en fait un être fictif, capable de recevoir, d'acquérir, d'ester en justice, jouissant, en un mot, de la personnalité civile la plus étendue.

Cette autorisation, dont le principe posé dans la célèbre Constitution de Nicéphore Phocas, que nous avons rappelée, a été consacré dans l'ancien droit français comme dans le droit actuel, constitue l'une des sauvegardes de la société, des familles et des individus contre les périls de la propriété collective ou de mainmorte.

La loi du 24 mai 1825 et le décret du 31 janvier 1852 déterminent les règles suivant lesquelles l'autorisation peut être accordée.

Examinons ces textes :

La loi de 1825 dispose, dans son article 1er, qu « 'à « l'avenir, aucune congrégation religieuse de femmes « ne pourra être autorisée, et, une fois autorisée, ne « pourra former d'établissement, que dans les for- « mes et sous les conditions prescrites dans les arti- « cles suivants : »

Ce texte nous permet d'affirmer, contrairement à ce qui a été soutenu dans des consultations célèbres, que les lois sur les congrégations ne s'occupent pas seulement de la personnalité civile, mais encore des conditions d'existence en France des établissements autorisés. La distinction est très nettement indiquée.

L'article 2 de la loi porte que les congrégations religieuses de femmes *ne peuvent être reconnues que par une loi.*

« Aucune congrégation religieuse de femmes ne « sera autorisée qu'après que ses statuts dûment « approuvés par l'évêque diocésain, auront été véri- « fiés et enregistrés au Conseil d'État, en la forme « requise par les bulles d'institution canonique. Ces « statuts ne pourront être approuvés et enregistrés « s'ils ne contiennent la clause que la congrégation « est soumise, dans les choses spirituelles, à la juri- « diction de l'Ordinaire. Après la vérification et

« l'enregistrement, l'autorisation sera accordée par
« une loi à celles de ces congrégations qui n'exis-
« taient pas au 1ᵉʳ janvier 1825. A l'égard de celles de
« ces congrégations qui existaient antérieurement au
« 1ᵉʳ janvier 1825, l'autorisation sera accordée par
« une ordonnance du roi. »

Pour expliquer cette disposition, il est nécessaire
de se reporter aux précédents.

Avant la Révolution, l'autorisation était accordée
par une ordonnance ou un édit. Mais les actes de l'ancienne monarchie étaient, suivant leur importance,
entourés de plus ou moins de solennités. L'édit de
1749, qui reproduit, d'ailleurs, sur ce point, ceux
de 1629 et 1666, décide que, pour reconnaître une congrégation, il fallait des lettres patentes, scellées du
grand sceau, contresignées par un Secrétaire d'État et
enregistrées au Parlement, après enquête de commodo et incommodo; c'étaient les formalités requises
pour les actes les plus importants ayant le caractère
de lois.

C'est le souvenir de ces formes usitées avant 1789
qui a fait proposer, lors de la rédaction du décret du
3 Messidor au XII (art. 4), de donner l'autorisation
par décret impérial.

Mais la loi du 3 janvier 1847 vint consacrer une

règle nouvelle ; elle confirma la personnalité civile des établissements *reconnus par la loi*. De 1817 à 1825 les congrégations ne pouvaient donc être autorisées que par un acte législatif.

La situation était embarrassante pour le gouvernement de la Restauration, qui n'imagina rien de mieux, pour favoriser l'existence de ces associations, que de concéder, par ordonnance, des autorisations provisoires.

Afin de légitimer ces mesures d'une légalité douteuse, ce gouvernement eut la pensée de faire voter une loi destinée, en consacrant le fait accompli, à conférer, pour l'avenir, au pouvoir exécutif la faculté de procéder par voie d'ordonnance.

Déjà en 1823, une proposition, dans ce sens, avait été présentée à la Chambre des Pairs. Mais Portalis, dans son rapport, Lanjuinais et Pasquier revendiquèrent énergiquement pour le pouvoir législatif la prérogative du droit d'autorisation et, à la suite de leur intervention, la proposition fut rejetée.

Cependant le Ministère qui tenait à la solution proposée en 1823, faisant une nouvelle tentative le 21 juin 1824, soumit à la Chambre des Pairs un projet de loi, de même nature, donnant au roi la faculté d'autoriser toutes les congrégations religieuses de femmes. Ce projet fut également rejeté.

Ces précédents de 1817, 1823 et 1824 éclairent la disposition de l'article 2 *in fine* de la loi de 1825. Pour concilier les deux tendances opposées du gouvernement qui voulait une ordonnance, et des Chambres qui demandaient une loi, on s'arrêta à la solution transactionnelle indiquée dans ce texte : pour toutes les congrégations qui n'existaient pas au 1er janvier 1825 une loi fut exigée ; une ordonnance suffit pour celles dont l'existence de fait était antérieure à cette date. Mais cette dernière disposition n'avait qu'un caractère transitoire ; c'était une décision de circonstance. Le principe posé pour l'avenir, et d'une façon générale, est qu'un acte législatif seul peut reconnaître l'existence d'une congrégation religieuse (1).

Une modification considérable fut apportée à l'article 2 de la loi de 1825 par le décret du 31 janvier 1852 que l'on peut considérer comme une concession intéressée faite au clergé, dont le concours n'avait pas

(1 L'exigence d'une ordonnance royale relativement aux congrégations existant antérieurement au 1er janvier 1825 ne concernait pas les associations régulièrement fondées en vertu du décret de Messidor an XII ; elle ne visait que celles qui existaient de fait seulement à cette époque.

été inutile à l'établissement du régime impérial. On fit alors ce qui avait été demandé par le gouvernement de la Restauration, et un décret-loi vint modifier la loi de 1825.

Aux termes de ce texte un décret suffit pour accorder l'autorisation aux congrégations religieuses dans quatre cas :

« Art I. — Les congrégations et communautés reli-
« gieuses de femmes pourront être autorisées par un
« décret du Président de la République.

« 1° Lorsqu'elles déclareront adopter, quelle que soit
« l'époque de leur fondation, des statuts déjà vérifiés et
« enregistrés au Conseil d'Etat et approuvés pour
« d'autres communautés religieuses.

« 2° Lorsqu'il sera attesté par l'évêque diocésain
« que les congrégations qui présenteront des statuts
« nouveaux au Conseil d'Etat existaient antérieure-
« ment au 1ᵉʳ janvier 1825.

« 3° Lorsqu'il y aura nécessité de réunir plusieurs
« communautés qui ne pourraient plus subsister sé-
« parément.

« 4° Lorsqu'une association religieuse de femmes,
« après avoir été d'abord reconnue comme commu-
« nauté régie par une supérieure locale, justifiera qu'elle
« était réellement dirigée à l'époque de son auto-

« risation, par une supérieure générale, et qu'elle avait
« formé à cette époque des établissements sous sa dé-
« pendance. »

Dans cet alinéa se trouve établie la distinction entre les congrégations à supérieure locale et les congrégations à supérieure générale, les premières, dites
communautés qui förment des maisons isolées
ayant à leur tête des supérieures indépendantes ; les
secondes qui se composent d'établissements soumis
à l'autorité d'une même supérieure générale. Nous aurons à voir plus loin dans quelles limites exactement,
doit s'exercer cette autorité en ce que concerne notamment les actes de la vie civile des congrégations.

Rien n'est plus ingénieux que la rédaction de
l'article 1ᵉʳ de ce décret de 1852 : on devine aisément
que la puissance civile n'a pas été seule appelée à en
arrêter les termes.

C'est la suppression pour ainsi dire totale de l'intervention du pouvoir législatif qui ne s'est peut-être
pas produite une seule fois depuis 1852. Aussi,
grâce à cette disposition toute de faveur, et, grâce surtout à la complaisance du gouvernement, les congrégations se développèrent d'une façon anormale sous le
second empire.

L'article 2 du décret porte que les modifications

des statuts vérifiés et enregistrés au Conseil d'État pourront être également approuvées par un décret.

Nous nous trouvons ici en présence d'une grave dérogation au principe de la séparation des pouvoirs pour le cas où la congrégation elle-même aurait été approuvée par une loi. La modification des statuts équivaut, en effet, à une dissolution de la congrégation qui se rétablit sur des bases nouvelles et une loi est nécessaire pour approuver cette modification. (Conseil d'État, Inst. 14 novembre 1834).

L'art. 3 du décret de 1852 est ainsi conçu :

« Dans les cas prévus par les articles précédents, « l'autorisation ne sera accordée aux congrégations « religieuses qu'après que le consentement de l'évê- « que diocésain aura été représenté et que les for- « malités prescrites par les articles 2 et 3 de la loi « du 24 Mai 1826 auront été remplies. »

Quelles sont ces formalités requises préalablement à la loi ou au décret qui doit accorder l'autorisation ?

L'article 2 de la loi de 1825, auquel renvoie, d'ailleurs, l'article 3 du décret de 1852, exige trois conditions préalables :

1º Les statuts, que la congrégation se propose de suivre, doivent être approuvés par l'évêque diocésain : ce n'est pas un simple avis, mais une approbation.

Dans ces statuts on ne doit pas comprendre les réglements relatifs à la discipline de la maison (Instr. Minist. du 17 Juillet 1825). Mais il est nécessaire d'indiquer le but de la congrégation et de faire connaître la durée des vœux prononcés par les sœurs : une clause tendant à admettre des vœux perpétuels serait contraire aux lois (Loi de 1790).

2° Les statuts doivent être vérifiés et enregistrés au Conseil d'État dans la forme requise pour les bulles d'Institution canonique. C'est le ministre des Cultes auquel la demande d'autorisation doit être adressée, qui les transmet à cette assemblée. Cette formalité est indispensable dans tous les cas. (C. d'État législ. 19 Mars 1840).

3° Les statuts doivent contenir la clause que la congrégation est soumise à la juridiction de l'ordinaire (supérieur ecclésiastique local). De sorte que si une congrégation voulait se soumettre à une autre juridiction, celle d'un chef étranger par exemple, le Conseil d'État refuserait son approbation (1).

Toutes ces formalités remplies, l'autorisation est accordée, s'il y a lieu, par une loi ou un décret, suivant

______

(1) Il va sans dire que la congrégation doit justifier de moyens d'existence (C. d'Etat 13 janvier 1840.)

la distinction indiquée plus haut, et insérée au Bulletin des Lois.

Depuis longtemps, en fait, on ne crée plus de congrégations. Toute congrégation, qui prend alors le nom de maison-mère, peut fonder des établissemennts sous sa dépendance, en vertu d'une autorisation spéciale.

On s'appuie pour procéder ainsi, sur le texte de l'article 3 de la loi de 1825 qui dispose que :

« Il ne sera formé aucun établissement d'une con
« grégation religieuse de femmes déjà autorisée, s'il
« n'a été préalablement informé sur la convenance
« et les inconvénients de l'établissement, et si l'on ne
« produit, à l'appui de la demande, le consentement
« de l'évêque diocésain et l'avis du conseil municipal
« de la commune où l'établissement devra être formé.
« L'autorisation spéciale de former l'établissement
« sera accordée par ordonnance du roi laquelle sera
« insérée dans quinzaine au Bulletin des Lois. »

La demande est adressée, dans ce cas, à l'évêque et au Préfet. Ce dernier fait procéder à une enquête de commodo et incommodo. Le texte exige le consentement de l'évêque et l'avis du conseil municipal de la commune où l'établissement devra être formé.

Que doit-on décider en cas d'opposition du Conseil

municipal ? Nous n'hésitons pas à penser que, dans cette hypothèse, le gouvernement reste toujours maître d'accorder l'autorisation. On a élevé, à l'encontre de cette solution, une objection tirée des errements suivis dans l'ancien droit : l'édit de 1659 décide, en effet, qu'un établissement religieux ne pourra s'établir dans une commune sans le *consentement* des habitants. L'esprit de la disposition de l'article 3 de la loi du 1825 serait, dit-on le même que celui de l'Edit en question. Mais on ne remarque pas assez, selon nous, qu'il s'agit ici d'un avis qui ne saurait, en aucun cas, lier le gouvernement (1). L'autorité de l'ancien droit ne peut guère, d'ailleurs, être invoquée dans une matière régie par une législation absolument nouvelle, et en présence d'un texte aussi formel.

Il faut autant de décrets que d'établissements fondés par la maison-mère, mais, contrairement à ce qui se passe quand il s'agit d'accorder l'autorisation par application des dispositions de l'article 2 de la loi de 1825, l'intervention du Conseil d'Etat n'est pas exigée parce que les religieuses du nouvel établissement doivent déposer l'engagement par écrit de se soumettre à des statuts déjà vérifiés et approuvés.

(1) *Sic.* Ravelet. *Cong. rel.* p. 13.

Les congrégations autorisées dans les formes, qui viennent d'être indiquées, se divisent, quant au but qu'elles se proposent, en congrégations hospitalières, congrégations enseignantes et congrégations contemplatives. Ces dernières sont très peu nombreuses.

« Les congrégations autorisées, dit un avis du « Conseil d'État du 18 mars 1836, ont généralement « pour objet le soin des malades ou l'instruction des « enfants pauvres ; quelques-unes servent de refuge « pour les filles qui se sont mal conduites. Mais, dans « aucun cas, le gouvernement n'a entendu autoriser « des congrégations où l'on se livrerait à des occu- « pations et à une vie purement contemplatives, et il « a toujours voulu, ainsi que l'indiquent les nombreux « décrets et ordonnances rendus en pareille matière, « borner l'autorisation légale aux seules congréga- « tions hospitalières ou enseignantes ».

Quelques congrégations purement contemplatives ont cependant été l'objet d'une reconnaissance légale.

Si, sous la Restauration et le second Empire, on favorisa, outre mesure, le développement des associations religieuses, depuis 1880, une réaction nécessaire s'est produite et la jurisprudence actuelle du Conseil d'État se montre sévère en ce qui concerne l'observation des statuts des établissements religieux et la création de nouvelles associations.

Les congrégations enseignantes se sont vues peu à peu dépossédées par les lois sur l'Enseignement primaire de la direction des écoles publiques de filles et de garçons. A l'heure actuelle, même, et depuis 1891, toutes les écoles publiques de garçons sont aux mains d'instituteurs laïques.

A Paris, et dans un certain nombre de villes, les infirmières laïques ont remplacé, dans la plupart des hôpitaux, les religieuses appartenant à des congrégations hospitalières qui ont dû réintégrer le siège de l'établissement.

Très peu d'autorisations ont été accordées dans ces dernières années, et il est probable que leur nombre ira toujours diminuant en raison de la laïcisation progressive des divers services publics.

CHAPITRE II

Les associations religieuses de femmes autorisées
sont des personnes morales, capables de recevoir,
d'acquérir et de faire tous les actes de la vie civile,
sous le contrôle du gouvernement et dans une mesure
que nous allons indiquer (1).

1º Acquisitions à titre gratuit.

L'article 4 de la loi de 1825 détermine les limites
dans lesquelles une congrégation de femmes peut
acquérir à titre gratuit ;

« Les établissements dûment autorisés pourront
« avec l'autorisation spéciale du roi :

(1) Les biens possédés, avant la Révolution, par les congrégations religieuses sont devenus domaines nationaux, en vertu des
lois de dissolution et de mainmise nationale, et les autorisations
accordées depuis n'ont jamais eu pour effet de remettre ces associations en possession de ce qui leur a été ainsi enlevé; aucune
loi, en effet, n'a ordonné cette restitution.

« 1° Accepter les biens immeubles qui leur auraient
été donnés par actes entre-vifs ou par actes de
« dernière volonté, à titre particulier seulement. »

La loi de 1825 moins large, en cette matière, que la
loi du 2 janvier 1817, ne permet aux associations
de femmes de recevoir qu'à *titre particulier seulement*.

On a donné plusieurs explications de cette restriction ; le but en est, peut-être, d'éviter aux congrégations de femmes les ennuis et les difficultés d'un procès
qui pourrait s'engager à l'occasion de la liquidation
d'une succession, par exemple. Peut-être aussi le
législateur n'a-t-il pas voulu que ces associations se
trouvassent en présence d'un passif supérieur à l'actif dans une libéralité à titre universel.

Nous sommes plutôt porté à croire que cette disposition a été inspirée par le désir d'empêcher ou
de limiter la spoliation des familles, bien qu'en fait
on puisse parfaitement léguer, à titre particulier, une
grande partie de sa fortune, toute sa fortune même ;
c'est une simple question de forme.

Une conséquence de l'opinion que nous soutenons,
serait il est vrai, de permettre aux membres de la
famille de faire annuler la libéralité en rapportant

la preuve que le testateur a voulu, par une série de legs particuliers, donner tous ses biens à la communauté (1).

La sanction de cette prohibition est la nullité (2); l'action en nullité peut être exercée pour le tout contre les libéralités qui ne seraient pas à titre particulier seulement.

Quand la libéralité se complique d'une désignation de personne interposée, la nullité doit profiter non au fidéicommissaire mais à l'héritier légitime. (Cass. 28 mars 1859).

L'ordonnance du 14 janvier 1831 contient une autre restriction au droit de disposer en faveur des associations religieuses : elle interdit, en effet, d'une façon générale, les donations faites, avec réserve d'usufruit, aux établissements ecclésiastiques (3).

Cette ordonnance, qui complète heureusement, à ce point de vue, la loi de 1825, constitue évidemment

______

(1) TROCHON, Communautés religieuses, page 211.

(2) Nous nous trouvons ici en présence d'une *incapacité absolue.*

(3) Ordonnance du 14 janvier 1831 art. 4. « Ne pourront être présentées à notre autorisation les donations faites à des établissements ecclésiastiques ou religieux avec réserve d'usufruit en faveur du donateur. »

une protection pour les familles, contre la tendance qu'on a généralement à se dépouiller plus facilement de son vivant, quand on ne dispose que de la nue propriété de ses biens.

Cette disposition est un des résultats du mouvement libéral qui s'est produit en 1830.

La loi de 1825, comme d'ailleurs celle de 1817, consacre la suppression de l'interdiction, d'accepter des libéralités immobilières : il n'y a donc plus de distinction entre les meubles et les immeubles.

Nous avons à examiner ici deux questions importantes.

1° Pour acquérir à titre gratuit, la congrégation religieuse doit être reconnue. Supposons une libéralité faite à une congrégation non autorisée ; postérieurement à la libéralité intervient l'acte de reconnaissance, cette libéralité sera-t-elle validée? Nous n'hésitons pas à répondre par la négative. L'article 906 du Code civil déclare, en effet, que pour être capable de recevoir, il faut exister à l'époque de la donation ou du testament (1) ; or une congrégation non reconnue n'a pas d'existence légale.

(1) C. civil 906. Pour être capable de recevoir entre vifs il suffit d'être conçu au moment de la donation. Pour être capable de recevoir par testament ; il suffit d'être conçu à l'époque du

2° Un établissement non autorisé peut-il, sous le couvert de la maison-mère, accepter une libéralité autrement dit, une association religieuse a-t-elle la faculté d'acquérir à titre gratuit au nom d'un de ses établissements particuliers non autorisé que la libéralité ait été faite à la maison-mère ou directement à l'établissement en question ?

Il nous semble que la réponse n'est pas douteuse en présence de l'article 3 de la loi de 1825 qui exige une autorisation spéciale pour la création d'un établissement dépendant d'une congrégation déjà autorisée et de l'article 4 de la même loi, qui dit que les établissements, dûment reconnus, pourront seuls recevoir des libéralités ; dans ces conditions, la pratique indiquée ne saurait être permise.

Il y aurait là, d'ailleurs, un moyen de tourner la loi et de reconnaître implicitement comme personnes morales, des établissements non autorisés qui viendraient s'ajouter indéfiniment à la maison mère en dehors du contrôle imaginé par la loi de 1825.

La jurisprudence a varié sur cette question. La Cour de Cassation, cassant un arrêt de la cour de Douai de

décès du testateur. Néanmoins la donation ou le testament n'auront leur effet qu'autant que l'enfant sera né viable.

1843, décida, le 6 mars 1854, qu'il suffisait, pour qu'un établissement put accepter la libéralité, que la maison mère fût autorisée. Cette doctrine fut confirmée par un arrêt du 17 juillet 1856, et par un avis du Conseil d'État du 18 juillet 1861 ainsi conçu :

« La section de l'intérieur en ce qui touche la ques-
« tion de principe.

« Considérant que la loi de 1825 a déterminé les règles
« à suivre pour les autorisations des congrégations re-
« ligieuses et de leurs établissements, que de 1825 à
« 1849, on a pensé que les établissements importants
« dépendant des congrégations religieuses, devaient
« être autorisés par ordonnances royales, mais que les
« simples écoles tenues par une ou deux institutrices
« n'avaient pas besoin de cette autorisation, que la
« congrégation même pourrait être autorisée à ac-
« quérir, ou à posséder, dans l'intérêt de ces écoles ;
« Considérant qu'en 1849 est intervenu un avis du
« Conseil d'État, déclarant que la présence d'une
« simple sœur institutrice constituait un établisse-
« ment dans le sens prévu par la loi de 1825 et que
« cet établissement devait être soumis aux formalités
« prescrites par cette loi pour l'instruction des recon-
« naissances légales d'établissements, que la juris-
« prudence résultant de cet avis et suivie jusqu'à ce

« jour n'a plus, depuis 1850, la même raison d'être.

« — Considérant qu'il existe en France un très
« grand nombre d'écoles tenues par des sœurs : que
« ces établissements se contentent généralement
« de l'existence de fait, sans demander une autori-
« sation légale ; mais qu'en vertu de l'avis, les mai-
« sons-mères n'ont été autorisées à acquérir et à
« posséder que pour ceux de leurs établissements
« précédemment autorisés, ou à qui l'on conférait
« l'existence civile par le même décret qui autorisait
« à acquérir ou à posséder, qu'il en est résulté toutes
« les fois qu'une congrégation religieuse a voulu réa-
« liser une acquisition ou accepter une libéralité
« pour le moindre de ses établissements, pour une
« simple école libre ou communale, l'obligation de
« demander la reconnaissance légale d'un établisse-
« ment religieux qui, quelquefois se trouve en réalité
« représenté par une simple institutrice ; qu'il ne paraît
« pas nécessaire de maintenir cette obligation en pré-
« sence de la loi de 1825 et de la loi de 1850, et, qu'au
« contraire il paraît équitable de donner aux congréga-
« tions, et aux communes l'autorisation d'acquérir ou de
« posséder pour les écoles religieuses lorsque le gouver-
« nement n'y verra aucun inconvénient. Considérant
« que dans la jurisprudence suivie jusqu'ici, toutes le s

« reconnaissances légales et autorisations de pos-
« séder ont été accordées en se servant du mot
« générique d'établissement pour désigner toute es-
« pèce de réunion de religieuses quelle qu'elle fut :
« que cette jurisprudence a l'inconvénient de di-
« minuer singulièrement le rôle de surveillance at-
« tribué à l'Etat sur ces sortes d'affaires, puisqu'une
« autorisation donnée à une simple école, sous ce
« nom d'établissement, peut s'appliquer, sans que le
« gouvernement eût à intervenir, à un noviciat, un
« couvent ou tout autre établissement dont la créa-
« tion devrait être soumise à l'approbation du gouver-
« nement, qu'il y aurait donc lieu, pour faire cesser
« ces inconvénients, de spécifier dans le dispositif
« des décrets qui autoriseront des reeonnaissances
« légales, quel est le caractère de l'établissement à
« former ; qu'il importerait de même, lorsqu'il s'agira
« de simples écoles, de spécifier dans les décrets qui
« autorisent des acquisitions ou des acceptations de
« dons et legs, que l'autorisation n'est donnée que
« pour telle ou telle destination déterminée par l'ins-
« truction ou par la volonté des testateurs ou dona-
« teurs, — Considérant enfin que ces congrégations
« religieuses sont avant tout des établissements d'ut i
« lité publique, que c'est l'intérêt public qui doit

« attirer sur elles la faveur du gouvernement, qu'en
« conséquence, lorsqu'une congrégation veut fonder
« une école libre dans une commune ou il n'y a pas
« d'école communale de filles, c'est d'une bonne ad-
« ministration de s'efforcer de rendre communale
« cette école ; que, si pour des raisons quelconques,
« cette combinaison ne peut se réaliser, l'Etat a sans
« contredit la faculté de mettre des conditions à l'au-
« torisation qu'il accorderait à une congrégation
« pour acquérir ou posséder, qu'il y aurait donc lieu
« d'imposer à l'école desservie par les religieuses, l'o-
« bligation d'admettre gratuitement les enfants pau-
« vres sur la liste dressée conformément à l'article 45
« de la loi de 1850, c'est-à-dire, de faire ce que faisait
« l'école communale dont elle peut tenir la place.

« Est d'avis : 1° qu'il y a lieu de distinguer dans les
« établissements dépendant des congrégations reli-
« gieuses, ceux qui sont de véritables succursales de
« la maison-mère et pour lesquels on continuerait
« d'exiger l'autorisation légale et ceux qui n'étant
« que des établissements scolaires, existent en vertu
« de la loi de 1850, 2° que pour ces derniers, le gou-
« vernement pourrait, lorsqu'il le jugera convenable,
« donner aux maisons-mères, l'autorisation d'acquérir
« ou de posséder, 3° qu'il convient de considérer les

« congrégations réligieuses que l'État n'a autorisées
« que dans un but d'utilité publique, comme desti-
« nées bien plutôt à la direction d'établissements com-
« munaux qu'à l'entreprise d'établissements libres,
« et que pour ceux-ci, afin de leur ôter toute appa-
« rence d'entreprises privées et en quelque sorte in-
« dustrielles, il y a lieu de leur imposer au moins les
« obligations que remplissent les écoles communales
« à l'égard des enfants pauvres. »

Nous avons tenu à citer, dans son entier, ce long
avis qu'il suffit de lire pour se convaincre que le
Conseil d'État, en 1861, a moins voulu rendre une
décision vraiment juridique, qu'une décision de circonstance. Les besoins de l'enseignement primaire,
presque entièrement alors entre les mains des con-
gréganistes, et la faveur que le gouvernement té-
moignait aux congrégations, paraissent l'avoir beaucoup plus impressionné que les textes sur la matière et l'intérêt véritable de la société intéressée à
éviter l'extension exagérée de la mainmorte.

Il est heureusement revenu aux vrais principes,
selon nous, dans un avis très net et excellemment
motivé des 18 février et 21 juillet 1880.

« La section de l'intérieur, des cultes, etc., qui a
« pris connaissance d'un projet de décret autorisant

« l'acceptation de divers legs faits à des établisse-
« ments des Deux-Sèvres, et autorisant également la
« supérieure générale des sœurs de la Charité de
« Sainte-Marie, reconnues à Angers par décret des
« 15 novembre 1810 et 14 décembre 1852, à accepter
« le legs d'une rente de 200 francs fait par la demoi-
« selle Ardy aux sœurs de cet ordre établies, à Chazais
« (Deux-Sèvres) et décidant, en outre qu'en cas de
« remboursement de ladite rente, le capital en prove-
« nant serait placé en rentes sur l'État, au nom de la
« congrégation, avec mention sur l'inscription de la
« destination des arrérages ; ... Tout en adoptant
« dans son ensemble le projet de décret dont il s'agit :
« Considérant que, l'article 3 de la loi du 24 mai
« 1825 soumet à la nécessité d'une autorisation spé-
« ciale tout établissement nouveau d'une congréga-
« tion religieuse de femmes déjà autorisée et qu'aux
« termes de l'article 4, les établissements dûment
« autorisés sont seuls capables d'accepter les libé-
« ralités qui leur sont faites ; qu'on ne saurait, en
« présence de dispositions aussi formelles, distin-
« guer entre les établissements, qui, à raison de leur
« importance, ne pourraient accepter aucune libéralité
« avant d'avoir obtenu leur reconnaissance préalable
« et ceux qui, moins importants, se confondraient

« dans la personnalité des congrégations elles-mêmes
« qui accepteraient, à leur place, les libéralités faites en
« leur faveur ; qu'en dehors des difficultés d'appré-
« ciation, une pareille distinction, à l'appui de la-
« quelle, on a vainement invoqué la loi du 15 mars
« 1850, aurait encore l'inconvenient de reconnaître
« l'existence d'une possession collective commune à
« tous les établissements d'une même congrégation,
« et le moyen de s'étendre indéfiniment et d'échap-
« per aux prescriptions de la loi du 24 mai 1825. —
« Considérant, d'ailleurs, que la faculté pour ces con-
« grégations de solliciter la reconnaissance des établis-
« sements qu'elles créent est de nature à concilier les
« prescriptions de la loi avec la volonté des testateurs,
« est d'avis : — Qu'il appartient au gouvernement d'ap-
« précier dans chaque affaire, si les besoins scolaires et
« hospitaliers de la commune sont de nature à justifier
« au point de vue de l'intérêt public, la création d'un
« établissement nouveau et, dans l'espèce de sur-
« seoir à statuer sur la libéralité faite aux sœurs de
« Chazais jusqu'à ce qu'elles aient sollicité et obtenu
« leur reconnaissance. »

Donc, depuis 1880, le Conseil d'État n'admet plus que
la maison-mère puisse recevoir aux lieu et place d'un
établissement non autorisé qui en dépendrait ; toute-

fois,comme avant cette époque, il continuait à penser que les établissements particuliers pouvaient être représentés par la supérieure générale dans tous les actes de la vie civile. Or, il a, dans un avis récent, posé la règle contraire, à savoir que la supérieure locale est seule capable d'agir au nom d'un établissement particulier; il a ainsi unifié sa jurisprudence en ce qui concerne cette question si importante des rapports entre la maison-mère et les religieuses formant des associations distinctes du siège principal de la congrégation.

Nous croyons devoir donner in extenso cet avis de principe qui porte la date des 28 mai et 4 juin 1891 (1).

« Le conseil d'État qui, sur le renvoi ordonné par
« M. le Ministre de la justice et des Cultes, a pris con-
« naissance d'une demande d'avis sur la question de
« savoir :

« 1° Si un établissement principal ou maison-mère
« d'une congrégation religieuse de femmes autori-
« sée peut disposer, pour ses besoins, de biens régu-
« lièrement acquis ou possédés par les établissements
« particuliers ;

« 2° A *contrario*, si l'établissement principal peut

______

(1) M. Bienvenu Martin. Maître des requêtes. Rapporteur.

« disposer des biens formant son patrimoine pour
« les besoins des établissements particuliers, ou en-
« core emprunter en son nom seul pour venir en aide
« à un ou plusieurs desdits établissements :

« 3° Si dans les actes de la vie civile, un établissement
« particulier, lequel a une supérieure locale, doit être
« représenté par cette supérieure et en vertu d'une
« délibération du conseil d'administration dudit éta-
« blissement ou si la supérieure générale seule doit
« intervenir après délibération seulement du conseil
« d'administration de l'établissement principal.

« Vu, la dépêche ministérielle du 2 mars 1891.

« Vu la loi du 24 mai 1825.

« Sur la première question :

« Considérant que la loi du 24 mai 1825, en disposant
« l'article 4, que, les établissements dûment autori-
« sés des congrégrations religieuses de femmes pour-
« ront avec l'autorisation spéciale du gouvernement,
« accepter des dons et legs, acquérir à titre onéreux ou
« aliéner des biens immeubles et des rentes, indique
« nettement que la congrégation religieuse autorisée
« ne constitue pas une personne morale unique ayant
« un patrimoine collectif qui serait commun à tous
« les établissements dépendant de cette congrégation ;
« qu'au contraire la loi précitée attribue la personna-

« lité civile à chacun de ces établissements dûment
« autorisés ;

« Que, d'ailleurs, la discussion de la loi à la Cham-
« bre des pairs (Séance du 8 février 1825) et notam-
« ment la suppression du mot «congrégations» in-
« séré dans le texte primitif de l'article 4, ne laissent
« subsister aucun doute sur le sens de cette dispo-
« sition ;

« Considérant que chaque établissement particulier
« étant ainsi doté par la loi, lorsqu'il a été spéciale-
« ment autorisé d'une existence juridique séparée et
« de la capacité de posséder, doit, par suite, être con-
« sidéré comme seul propriétaire des biens qu'il a ré-
« gulièrement acquis en son nom, et comme ayant
« seul qualité pour en disposer avec l'autorisation du
« gouvernement :

« Que la maison-mère d'une congrégation n'est
« elle-même en ce qui concerne la faculté d'acquérir
« et de disposer qu'un établissement distinct, plus im-
« portant en fait que les autres maisons qui lui sont
« rattachées au point de vue de la discipline, mais
« n'ayant comme elles que la capacité de faire les
« actes relatifs à son propre patrimoine ;

Sur la deuxième question :

« Considérant, qu'on ne pourrait s'appuyer sur le

« texte, ni sur l'esprit général de la loi de 1825 pour
« dénier à l'établissement principal le droit de recourir
« à l'aliénation d'un de ses biens propres ou à un em-
« prunt pour venir en aide aux établissements parti-
« culiers de sa congrégation, lorsque ceux-ci ont
« des besoins auxquels ils ne peuvent pourvoir eux-
« mêmes ;

« Considérant qu'une semblable faculté n'est point
« incompatible avec les dispositions de la loi préci-
« tée ; qu'en effet, elle laisse subsister intacte la
« règle essentielle de la séparation des patrimoines
« entre les divers établissements d'une même con-
« grégation que, d'autre part, il n'est pas à craindre
« qu'elle donne lieu à des abus, puisque le Gouver-
« nement est toujours appelé à en contrôler l'exercice :
Sur la troisième question :

« Considérant qu'en garantissant aux établissements
« autorisés d'une congrégation, une personnalité ju-
« ridique et la capacité de posséder, la loi du 24 Mai
« 1825 a implicitement prévu l'existence d'une admi-
« nistration propre et une représentation distincte
« pour chacun de ces établissements :

« Qu'il suit de là que les actes de la vie civile qui
« concernent les établissements particuliers doivent
« être passés, non par la supérieure générale de la

« congrégation, mais par leur supérieure locale préa-
« lablement autorisée par une délibération de leur
« conseil d'administration.

« Qu'à la vérité, l'ordonnance du 2 Avril 1817, porte
« que les dons et legs faits au profit des associations
« religieuses sont acceptées par les supérieurs de
« ces associations ; mais qu'à supposer que ce texte
« doive être interprété comme conférant à la supé-
« rieure générale le droit de représenter tous les éta-
« blissements de la congrégation, il a été nécessai-
« rement modifié dans son application par la loi du
« 24 Mai 1825, dont le sens et la portée ont été ci-des-
« sus précisés.

Est d'avis.

« *Sur la première question*, que, dans les congrégations
« religieuses de femmes à supérieure générale, l'é-
« tablissement principal ou maison-mère, ne peut pas
« disposer de biens régulièrement acquis ou possédés
« par un établissement particulier dûment autorisé ;

« *Sur la deuxième question*, que l'établissement
» principal d'une congrégation peut être autorisé à
« disposer de biens qui lui appartiennent en propre
« ou à emprunter en son nom pour les besoins des éta-
« blissements particuliers légalement reconnus ;

« *Sur la troisième question*, que, dans les actes de

« la vie civile, chaque établissement particulier doit
« être représenté non par la supérieure générale de la
« congrégation, mais par sa supérieure locale préala-
« blement autorisée par son conseil d'administration.

Nous aurons, fréquemment, l'occasion, au cours de
ce travail, de faire des applications de cette jurisprudence nouvelle du Conseil d'État ; mais nous pouvons,
dès à présent, constater qu'il résulte du remarquable avis que nous venons de citer que l'autorité de
la supérieure générale de la congrégation se trouve
désormais singulièrement réduite.Les établissements
dépendant de la maison-mère n'ont plus avec elle
que des relations. pour ainsi dire, purement hiérar-
chiques. Tous continuent à être soumis à la même
direction spirituelle, à une discipline commune,
mais, là, s'arrête l'action de la supérieure générale
qui ne peut plus intervenir dans aucun des actes de
la vie civile des communautés dépendantes, chacune
ayant son patrimoine propre et toute idée de propriété collective étant définitivement écartée.

1° **Nécessité d'une autorisation préalable** — Les dispositions, à titre gratuit, faites aux congrégations de
femmes légalement reconnues doivent être autorisées
par le gouvernement.

Les Préfets sont compétents (Ord, du 2 avril 1817,

art. 1) pour autoriser l'acceptation des dons et legs
en argent ou objets mobiliers qui n'excèdent pas
300 francs; pour les autres libéralités un décret en
conseil d'État est nécessaire (C. c. art. 910).

La règle à ce sujet est inscrite dans l'article 4 de la
loi de 1825 « avec l'autorisation spéciale du roi » et
se trouvait déjà exprimée dans la loi du 2 janvier
1817.

L'article 910 du code civil complété sur ce point par
l'article 937 (1), a, d'ailleurs, posé le principe d'une
manière générale pour tous les établissements d'utilité
publique au nombre desquels se trouvent les congrégations de femmes autorisées.

Ce principe repose sur les idées de protection économique et sociale qui ont déjà fait exiger l'autorisation pour la fondation des établissements eux-mêmes;
il est absolu et d'ordre public.

---

(1) C. c art. 910. Les dispositions entre-vifs ou par testament,
au profit des hospices, des pauvres d'une commune ou d'établissements d'utilité publique, n'auront leur effet qu'autant qu'elles
seront autorisées par une ordonnance royale.— Art. 937. Les donations faites au profit d'hospices, des pauvres d'une commune
ou d'établissements d'utilité publique, seront acceptées par les
administrateurs de ces communes ou établissements après y
avoir été dûment autorisés.

L'autorisation doit, en outre, être préalable à l'acceptation (C. civil art. 937).

Si, en vue d'éviter cette formalité, une libéralité a été faite à la communauté sous la forme d'un contrat à titre onéreux ou par personne interposée, il faudrait, croyons-nous, décider que la loi de 1825 étant formelle, la communauté non autorisée à accepter n'est pas plus capable de recevoir que si elle n'était pas reconnue et que la libéralité doit être annulée en vertu de l'article 911 du Code civil ainsi conçu : « toute dis- « position au profit d'un incapable sera nulle, soit « qu'on la déguise sous la forme d'un contrat à titre « onéreux, soit qu'on la fasse sous le nom de per- « sonnes interposées (1) ».

Toutes les donations doivent donc être approuvées, même s'il s'agit de dons manuels : les termes de la loi de 1825 sont généraux ; le législateur a voulu éviter les fraudes de toutes sortes qui pourraient se produire.

Le gouvernement, en présence d'une donation faite à une communauté religieuse, peut prendre différents partis.

Remarquons, tout d'abord, que, s'il accorde l'autori-

(1) *Sic* Demolombe. *Traité des donations entre vifs et des testaments.* I no 631. — Cass. 17 novembre 1852.

sation, il ne peut être question, s'il s'agit d'un legs, de bénéfice d'inventaire puisque la libéralité est toujours à titre particulier.

Pourra-t-il, en cas de refus de la part de la congrégation, accepter d'office ? Nous répondons négativement : la congrégation religieuse n'est pas un établissement public se rattachant d'une façon étroite à l'administration ; c'est un simple établissement d'utilité publique sur lequel l'Etat doit plutôt exercer un contrôle qu'étendre sa protection ; le devoir de l'Etat, dans le cas qui nous occupe, consiste à sauvegarder les intérêts de la société et des familles ; l'établissement doit être seul juge de l'avantage que peut lui procurer l'acceptation d'une libéralité.

Le gouvernement peut refuser l'autorisation d'accepter ; les biens légués ou donnés font alors retour aux héritiers légitimes ou aux tiers substitués désignés par le disposant.

A-t-il la faculté de réduire la donation tout en autorisant, en principe, la communauté religieuse à l'accepter ? Cela ne paraît guère douteux ; les travaux préparatoires et la discussion de l'article 910 du code civil tranchent la question, et les auteurs sont généralement d'accord sur ce point. Le gouvernement qui peut autoriser à accepter pour le tout doit avoir *à fortiori* le droit d'accorder l'autorisation pour partie ; c'est pour lui un droit absolu et toute disposition contraire, contenue dans un testament, devrait, en vertu de l'article 900 du code civil, être considérée comme non écrite.

Le caractère du legs n'est, d'ailleurs, aucunement modifié par l'exercice du droit de réduction.

Le gouvernement décide souverainement ; ses décisions qui doivent être inspirées par la raison et l'équité, ne peuvent être attaquées que par la voie gracieuse.

En cas de refus d'autorisation ou d'absence de demande d'autorisation, l'acquisition faite est nulle de nullité absolue ; et tous les intéressés, la congrégation elle-même, peuvent en prévaloir.

Si la congrégation a possédé les biens légués ou donnés en l'absence de toute autorisation, a-t-elle fait les fruits siens ? Nous savons que le possesseur ne peut acquérir les fruits que s'il a possédé de bonne foi ; or, dans ce cas, la supérieure de la congrégation n'ignore pas le vice dont est entaché son titre de propriété ; l'autorisation n'ayant pas été accordée, on peut considérer qu'elle n'est pas de bonne foi et que la disposition de l'article 550 du code civil est applicable (1).—

(1) C. c. art. 550. Le possesseur est de bonne foi quand il possède comme propriétaire en vertu d'un titre translatif de

Comme tout est de droit strict en notre matière, nous sommes assez disposé à admettre cette opinion ; toutefois la question est délicate en ce sens que le propriétaire légitime de la chose léguée ou donnée a eu la ferme volonté de transmettre la propriété et qu'au regard de celui-ci la bonne foi de l'établissement religieux ne peut faire de doute.

La question offre plutôt un intérêt théorique parce que la communauté peut toujours prétendre qu'elle a acquis la propriété des fruits en vertu de l'article 2279 du Code civil. « En fait de meubles la possession vaut titre. » Ces fruits n'ont été ni perdus ni volés puisqu'ils ont été perçus avec l'assentiment du propriétaire qui a renoncé à les revendiquer.

Une association religieuse a refusé une libéralité ; est-il nécessaire que le gouvernement intervienne pour approuver ce refus ?

Nous avons déjà fait remarquer que le gouvernement n'exerce pas sur les congrégations religieuses un droit de tutelle, ou plutôt qu'il n'a pas comme en ce qui concerne les établissements publics, à examiner l'intérêt qu'il y a pour la congrégation à accepter ou à refuser une libéralité. Sa mission est une mis-

propriété dont il ignore les vices. Il cesse d'être de bonne foi du moment où ces vices lui sont connus.

sion de surveillance en vue de protéger les familles et l'État, intéressés également à ce que les libéralités faites aux associations religieuses ne dépassent pas certaines limites. Nous pensons en conséquence que la congrégation est absolument libre de refuser ou d'accepter une donation ou un legs, de même que nous n'avons pas reconnu au gouvernement le droit d'accepter d'office aux lieu et place de l'établissement.

Cette doctrine, contre laquelle s'est prononcée la jurisprudence, se trouve développée par Tissier dans son traité théorique et pratique des dons et legs :

« Si nous considérons, dit cet auteur, qu'une renon-
« ciation ne préjudicie jamais, ni à l'Etat ni aux fa-
« milles, nous sommes amenés à conclure qu'elle ne
« doit être approuvée qu'autant qu'elle émane d'un éta-
« blissement public, parce qu'alors, mais alors seule-
« ment, l'établissement institué étant assujetti à la
« tutelle administrative, il rentre dans la mission du
« gouvernement de veiller aux intérêts de celui-ci. Ce-
« pendant, il résulte du compte général des travaux du
« Conseil d'État, que pendant la période quinquennale,
« 1878-1882, l'autorisation de refus de libéralités a été
« accordée à des associations vouées à l'enseignement
« primaire, et à des congrégations religieuses. Il nous
« sera permis d'invoquer contre cette jurisprudence,

« la loi du 5 avril 1884 : selon l'article 112 de ladite loi,
« le conseil municipal statue définitivement sur le
« refus des dons et legs faits à la commune, lors
« même qu'ils seraient affectés de charges ou de con-
« ditions ou que les ayants-droits se seraient opposés
« à l'exécution de la libéralité, c'est-à-dire dans des
« hypothèses ou l'intervention du Préfet ou du chef
« de l'Etat serait exigée pour l'acceptation. Or, si une
« personne morale, soumise à la tutelle de l'autorité
« supérieure peut librement répudier un don ou un
« legs, n'en doit-il pas être, *a fortiori*, de même à l'é-
« gard des simples établissements d'utilité publique
« ou des congrégations religieuses ? Un texte n'est
« pas nécessaire pour consacrer cette solution qui
« découle des principes généraux. »

2º De l'apport de dot dans une congrégation de femmes.

Quand une jeune fille est admise dans une maison
religieuse comme novice, il est d'usage que les parents
ou la jeune fille elle-même versent à la communauté
une certaine somme dite aumône dotale.

La loi ne s'est pas expliquée sur le caractère de cette
opération ? Est-ce une donation déguisée, est-ce au contraire un véritable contrat synallagmatique à titre
onéreux ?

La constitution de dot entre les constituants et la

communauté est un contrat à titre onéreux : la communauté, en effet, s'engage à pourvoir à tous les besoins de la novice en échange de la somme qu'elle a apportée en dot, et, sans laquelle, la plupart du temps, elle ne serait pas admise. Ce n'est donc pas une donation déguisée. Depuis longtemps la jurisprudence s'est prononcée en ce sens (Agen 22 mars 1836. — Orléans 28 juillet 1866. Cass 10 février 1868.)

Ce dernier arrêt porte :

« La Cour. Attendu que la loi du 24 mai 1825 n'oblige
« les communautés religieuses légalement établies à
« se pourvoir à l'effet d'obtenir l'autorisation du gou-
« vernement, que pour les sommes qui leur sont don-
« nées à titre de libéralités ;

« Attendu que la dot d'une religieuse n'est point
« par elle-même une libéralité soumise aux prohi-
« bitions de la loi de 1825 ; que la somme versée, à ce
« titre, lors de l'admission dans une congrégation reli-
« gieuse, ne saurait constituer une libéralité rentrant
« dans les prévisions de cette loi qu'autant que, par
« son importance, elle cesserait d'être en rapport avec
« les charges qui y correspondent.

« Attendu qu'il résulte des qualités de l'arrêt atta-
« qué que la femme L. réclamait le remboursement
« d'une somme de 5,500 fr., qu'elle prétendait avoir

« versée lors de son entrée au couvent, et qu'elle de-
« mandait à justifier son allégation à l'aide de la
« preuve testimoniale ; qu'il en résulte aussi que la
« femme L. a passé neuf années dans le sein de la
« communauté défenderesse, et que pendant ce temps,
« celle-ci a pourvu à son logement, à sa nourriture,
« à ses vêtements ; qu'il s'ensuit que la Cour, appré-
« ciant ces faits a pu dire, sans violer la loi de 1825,
« que, par l'acceptation de la somme non exagérée
« qui aurait été versée, il *s'est formé eutre les parties*
« *un contrat commutatif qui n'est atteint par aucune*
« *des dispositions restrictives de cette loi* ; qu'il s'en suit
« encore qu'en rejetant la preuve offerte, laquelle
« était inutile et frustratoire, elle n'a violé aucune des
« dispositions invoquées à l'appui du pourvoi, Re-
« jette, etc... »

La constitution de dot est donc pour les congrégations un contrat à titre onéreux et non une donation.

Il en résulte d'importantes conséquences :

Cette convention n'est pas assujettie aux formalités
des articles 931 et suivants du code civil relatives aux
donations entre vifs. — A la rigueur, elle pourrait
être purement verbale et peut être constatée par tous
les moyens de preuve ; il n'y a pas de formes solennelles.

La Cour de Cassation a décidé, par application de ces idées, dans un arrêt du 2 décembre 1845, que la preuve du contrat pouvait résulter, par exemple, d'un simple règlement de comptes postérieur à l'entrée en religion de la religieuse dans lequel celle-ci se serait reconnue débitrice, vis-à-vis de la congrégation, de la somme apportée en dot.

La communauté n'étant pas considérée comme donataire n'est pas exposée à subir la réduction si le constituant excède la quotité disponible, ou à restituer la dot, en cas de survenance d'enfant.

La constitution de dot doit être rangée dans la catégorie des contrats aléatoires : la communauté prend, en effet, l'engagement indéterminé d'entretenir pendant toute sa vie la religieuse, mais si celle-ci vient à décéder immédiatement après son entrée au couvent, la congrégation n'est pas tenue de restituer la dot (Agen 22 juin 1836). Les parties doivent savoir à quoi s'en tenir sur les profits ou pertes qui peuvent résulter pour elles de l'exécution du contrat.

La congrégation pourrait également conserver la dot si la religieuse venait, pour une raison quelconque, à quitter le couvent. Cette solution n'est pas douteuse si la dot a été constituée en capital, mais si elle consiste en une rente annuelle, on peut soutenir qu'il y a, là, une série de créances successives qui s'éteignent le jour où la communauté cesse de pourvoir aux besoins de la religieuse.

La jurisprudence décide que la constitution de dot doit être considérée à l'égard de la congrégation comme un simple acte d'administration qui n'a pas besoin de l'autorisation du gouvernement (Agen, 12 juillet 1836).

Mais il peut arriver que cette opération cache, en réalité, une donation, quand la somme donnée, par exemple, n'est manifestement pas en rapport avec les charges que l'admission de la nouvelle religieuse entraîne pour la communauté ; dans ce cas, les prescriptions de la loi de 1825 doivent s'appliquer (Cass. 10 février 1868), et l'autorisation sera rigoureusement exigée. C'est une question d'appréciation pour les tribunaux dont le devoir serait d'annuler, le cas échéant, des conventions contraires à l'ordre public. (C. c. art. 900).

3º Capacité des membres de la congrégation. — Les membres des congrégations reconnues étaient frappés, sous l'ancien régime, d'une incapacité absolue, d'une sorte de mort civile ; ils ne pouvaient recevoir entre vifs ou par testament, acquérir à titre onéreux, s'obliger ou ester en justice. Comme on l'a fait observer très justement, ils étaient vis-à-vis du monastère comme l'esclave romain au regard de son maître : toutes leurs acquisitions profitaient à la communauté.

Cette incapacité radicale n'existe plus aujourd'hui, Toutefois l'article 5 de la loi de 1825 limite, en ce qui concerne les religieuses, la faculté de disposer en faveur de l'établissement ou des membres de l'établissement.

« Nulle personne faisant partie d'un établissement « autorisé, ne pourra disposer par acte entre-vif ou « par testament, soit en faveur de cet établissement « soit au profit d'un de ses membres, au delà du « quart de ses biens, à moins que le don ou legs n'ex- « cède pas la somme de dix mille francs.

« Cette prohibition cessera d'avoir son effet relati- « vement aux membres de l'établissement, si la léga- « taire ou donataire était héritière en ligne directe de « la testatrice ou donatrice. »

La loi a voulu, par cette disposition, protéger les religieuses, et par suite les familles, contre les suggestions et les entraînements irréfléchis dont elles pourraient être l'objet au sein de la communauté; elle a imaginé, dans ce but, une véritable réserve en faveur de la famille de la donatrice ou testatrice.

Nous nous trouvons, en effet, ici en présence d'une question de quotité disponible et de réserve (1). Mais les règles posées, à cé sujet, par la loi de 1825 diffèrent sensiblement de celles qui sont contenues dans les articles 913 et suivants du code civil.

En effet, aux termes de l'article 5 de cette loi, la quotité disponible est fixe et limitée à un quart ; la réserve est donc des trois quarts de la fortune de la religieuse à moins que le don ou legs n'excède pas 10.000 francs. En droit civil, au contraire, la quotité disponible varie suivant le nombre et la qualité des héritiers.

Les réservataires de la loi de 1825 sont tous les héritiers au degré successible ; c'est la famille, dans son ensemble, dont la loi entend sauvegarder les intérêts. La loi civile ne considère comme réservataires que certains héritiers désignés expressément dans les textes.

Toutefois, ces diverses dispositions peuvent s'appliquer cumulativement : ainsi, la religieuse peut, en réalité, disposer de toute sa fortune, si celle-ci ne dépassse pas dix-mille francs, mais, alors, le droit civil reprend son empire et la réduction peut être deman-

____

(1) Peu de lois administratives offrent autant de points de contact avec le droit civil que la loi de 1825.

dée (art. 920) par les héritiers réservataires du droit commun.

La loi de 1825, en accordant ce droit aux membres des congrégations religieuses, a certainement perdu de vue l'intérêt des familles et cesse de protéger les fortunes modestes. Mais cette disposition conserve, du moins, l'avantage de ne pas permettre aux religieuses de donner ou de léguer à la congrégation des sommes trop considérables, et d'éviter ainsi, sous ce rapport, un accroissement excessif de la mainmorte.

La prohibition, que nous venons d'étudier, ne s'applique pas si la donataire ou la légataire était héritière en ligne directe de la donatrice ou testatrice.

La loi, en posant la règle générale, considère la bénéficiaire comme une personne interposée chargée de recueillir pour le compte de la communauté (cette présomption de la loi est une présomption *juris et de jure*, n'admettant pas la preuve contraire). Mais si nous supposons, par exemple, qu'une mère devenue veuve a suivi sa fille au couvent et que la donation ait été faite par l'une en faveur de l'autre, alors la présomption légale tombe, en raison du lien qui unissait les deux religieuses.

L'article 5 de la loi de 1825 contient, *in fine*, une disposition relative à l'exécution des règles qu'il édicte, et que nous étudierons un peu plus loin à l'occasion des acquisitions à titre onéreux.

Supposons une disposition qui ne respecte pas les limites de la quotité disponible fixée par l'article 5 de la loi de 1825. Que va-t-il se passer ?

Cette disposition pourra être attaquée devant les tribunaux de l'ordre judiciaire qui ordonneront, s'il y a lieu, la réduction de la libéralité. Mais cette libéralité ne sera pas nulle dans son entier.

Il s'agit, ici, en effet, d'une question de réduction et non de capacité comme dans le cas de l'article 4, qui déclare nulle de nullité absolue toute libéralité universelle ou à titre universel, faite en faveur d'une congrégation.

La combinaison de ces deux articles soulève des difficultés sérieuses.

La règle posée par l'article 4 est d'ordre public et doit s'appliquer dans tous les cas, aussi bien en ce qui concerne les donations à titre universel ou universelles faites par un étranger à la communauté, que celles qui émanent d'un membre de cette communauté.

Mais *quid* si une personne appartenant à la communauté a disposé, à titre universel, en faveur d'une autre religieuse ? Nous pensons que la libéralité, dans ce cas, est simplement réductible au quart de la fortune de la donatrice, si elle dépasse 10,000 francs; aucun texte, en effet, ne s'oppose comme la loi le fait pour les libéralité qui s'adressent à la communauté, à ce qu'une religieuse dispose à titre universel en faveur d'une de ses compagnes.

La Cour de Cassation, dans un important arrêt du 2 décembre 1845 (Sirey 46, I, 26), a consacré ces deux solutions. Elle a distingué entre les libéralités universelles faites par un membre de la communauté à la communauté elle-même, et celles faites par une religieuse à une autre religieuse et a décidé que ces dernières seulement étaient réductibles et non annulables, pour le tout, en vertu de l'article 4.

La question est délicate en ce sens qu'on peut prétendre que la bénéficiaire d'une donation universelle, émanant d'un membre de la communauté, est personne interposée vis-à-vis de cette communauté, et que la disposition, en vertu de l'article 911 du Code civil, est alors radicalement nulle. Il nous paraît difficile d'admettre cette opinion : ce serait, en effet, créer en ce qui concerne les religieuses, une incapacité spéciale de disposer en dehors de tout texte de loi; car l'article 5, qui permet aux religieuses de faire des libéralités en faveur de leurs compagnes, ne fait pas

de distinction. Il va sans dire que si, en réalité, la religieuse a voulu gratifier à titre universel la congrégation, la libéralité peut être déclarée nulle, mais c'est
alors une question de fait, le juge ne pouvant statuer
de plano en s'appuyant sur une présomption de fraude
qui n'existe pas dans la loi. (Cass. 2 déc. 45 — 28
avril 65.)

Nous savons qu'un décret impérial du 18 février
1809 avait fait une situation exceptionnelle aux congrégations religieuses de femmes hospitalières et dé-
rogé, à leur profit, à l'interdiction des associations
religieuses en France. Or, l'article 10 de ce décret interdit toute libéralité d'une religieuse au profit de sa
congrégation ou d'un membre de sa congrégation,
tandis que la loi de 1825, plus bienveillante, a fait disparaître cette prohibition et établi seulement la restriction de l'article 5.

L'article 10 du dit décret, spécial aux congrégations
hospitalières, ne doit-il pas continuer à s'appliquer à
ces associations, malgré les dispositions contraires
contenues dans la loi de 1825 qui est une loi générale, et en vertu du brocard : *generalia non spercia-
libus derogant* ? Nous ne le croyons pas. Ne serait-il pas
illogique, en effet, de vouloir que les congrégations
hospitalières, qui jouissaient d'un régime de faveur

avant la loi de 1825, soient plus durement traitées depuis cette époque. On peut donc considérer l'article 10 du décret de 1809 comme implicitement abrogé par cette dernière loi (1).

2° Acquisitions à titre onéreux.

Les congrégations des femmes reconnues ne peuvent acquérir à titre onéreux qu'avec l'autorisation du gouvernement ; le principe est posé dans l'article 4 de la loi de 1825 :

« Les établissements dûment autorisés pourront, avec l'autorisation spéciale du roi :

1°..... 2° Acquérir à titre onéreux des biens immeubles ou des rentes (2).

Le gouvernement statue après avoir pris l'avis du Conseil d'État.

L'autorisation doit être préalable à l'acquisition, la jurisprudence est généralement dans ce sens. La loi de 1825 ne distingue pas, d'ailleurs, à ce point de vue, entre les acquisitions à titre onéreux et les acquisitions à titre gratuit.

____

(1) *Sic* M. DUCROCQ, à son cours.
(2) Dans ce sens : Instr. minist. du 17 juillet 1825 art. 18. — Circul. du 10 avril 1862. — Ord. du 14 janvier 1831 art. 2. Circulaire du 23 mars 1888.

La supérieure générale de la maison-mère ne peut pas plus acquérir au nom d'un établissement particulier qu'elle n'a la faculté de recevoir pour lui des dons et legs. (Avis, reproduit plus haut, des 28 mai et 4 juin 1891).

 La loi n'exige pas l'autorisation du gouvernement pour l'acquisition des meubles. (*Sic*, Loi du 2 janvier 1817) qui est considérée comme un acte de simple administration. Mais l'administration supérieure chargée d'empêcher le développement des biens de mainmorte, a le devoir de se montrer sévère toutes les fois qu'il s'agira d'une acquisition d'immeubles.

La distinction faite par la loi entre les meubles et les immeubles vient fortifier une fois de plus cette idée, que le gouvernement doit être plutôt considéré comme ayant un droit de contrôle, une mission de surveillance, au regard des communautés, qu'une tutelle quelconque à exercer sur les actes de la vie civile de ces associations. Il n'a pas à s'occuper des actes d'administration et des acquisitions de meubles que les congrégations font à leurs risques et périls, et il n'interviendra sérieusement que dans le cas ou la communauté, par l'acquisition de certains immeubles, viendrait à inquiéter la société intéressée à ne pas laisser s'accroître indéfiniment les biens de mainmorte.

3° **Aliénations**.

La loi de 1825 décide dans son article 43ᵉ que les congrégations légalement reconnues pourront toujours, avec l'autorisation gouvernementale, aliéner les biens immeubles ou les rentes dont elles seraient propriétaires.

Aux termes de la circulaire ministérielle du 29 janvier 1831, la vente doit avoir lieu par adjudication publique, et aux enchères.

L'ordonnance du 14 janvier 1831 exige une autorisation pour l'échange qui contient une acquisition et une aliénation et pour la transaction.

Rétrocessions. —On appelle, dans l'espèce, rétrocession, l'acte par lequel un membre d'une communauté religieuse ayant acquis un bien des deniers cette communauté lui en transfère ensuite la propriété.

La rétrocession est souvent imaginée comme moyen de tourner la loi, mais il est aussi des cas où cette façon de procéder est autorisée par la loi elle-même.

La loi de 1825 exige, avons-nous dit, l'autorisation du gouvernement toutes les fois qu'il s'agit pour une communauté d'acquérir à titre onéreux un immeuble : supposons qu'un membre de la communauté ait acheté en son nom, un immeuble avec les deniers de l'établissement et que cet établissement demande ensuite au gouvernement de lui en conférer la propriété ; dans ce cas, le Conseil d'État a décidé que la rétrocession ne pouvait être approuvée, sous peine de rendre illusoire le droit de contrôle du gouvernement (1).

Mais il y a des rétrocessions autorisées.

La loi de 1825 contient, à la fin de l'article 5, qui pose les régles relatives à la capacité de disposer des membres d'une communauté en faveur de l'association ou d'un membre de cette association, une disposition ainsi conçue :

« Le présent article ne recevra son exécution, pour
« les communautés déjà autorisées, que six mois après
« la publication de la présente loi et pour celles qui
« seraient autorisées à l'avenir six mois après l'auto-
« risation accordée. »

Cette disposition est extrêmement importante ; elle offre tout simplement aux congrégations, qui n'ont pas encore obtenu la reconnaissance légale, le moyen de régulariser une situation de fait nécessaire pour qu'elles puissent vivre jusqu'au jour où l'autorisation leur est accordée.

En effet, toute congrégation non reconnue étant

(1) Conseil d'État, 27 déc. 1871, 17 janvier 1872, 24 déc. 1879, 7 janvier 1880, 21 juillet 1880, 4 mars 1885.

frappée d'une incapacité totale pour tous les actes de la vie civile, puisqu'elle ne constitue pas, aux yeux de la loi, un être moral, est obligée de confier la gestion de ses affaires à une personne interposée, un membre de la communauté, le plus souvent la supérieure de cette communauté. C'est cette personne dont le nom figure dans tous les actes intéressant l'existence civile de la congrégation qui, seule, est en rapport avec les tiers. Mais elle représente, en réalité, l'association et agit avec ses deniers : c'est un mandat tacite, une véritable gestion d'affaires. Cette situation n'est pas sans inconvénients graves : il peut arriver, en effet, que la religieuse chargée de représenter la communauté abandonne la vie monastique après avoir rompu ses vœux et que, dépourvue de scrupules, elle emporte tous les biens qu'elle a acquis, en son nom, pour le compte de la communauté ou qu'elle décède sans avoir fait de testament, ce qui aurait pour conséquence de faire bénéficier ses héritiers naturels de tous les droits qui reposent fictivement sur sa tête.

Le seul remède à cette situation consiste dans la reconnaissance légale.

Supposons l'autorisation accordée; l'établissement est maintenant capable d'acquérir; que vont devenir les biens acquis au nom de la personne interposée qui a géré les affaires de la communauté? Cette personne aura la faculté, grâce à la disposition de l'article 5 *in fine,* de transférer pendant six mois par voie de donation à la congrégation, la propriété des biens qu'elle a acquis en son nom, des deniers de la dite congrégation et, cela, sans que ses héritiers puissent obtenir la réduction de cette prétendue libéralité, sous prétexte que la quotité disponible fixée par l'article 5 a été dépassée. La donation est le seul moyen légal de réaliser le transfert, mais, en réalité, la communauté n'acquiert rien, aussi les circulaires des 17 juillet 1825, 31 janvier, 25 juin et 4 juillet 1852 ne voient-elles, dans cet acte, qu'une donation pour la forme, « qu'une simple déclaration d'attribution de propriété » (1), qu'une rétrocession non soumise aux droits d'enregistrement sur les donations.

Cette rétrocession, pour laquelle l'autorisation du gouvernement est indispensable, doit toujours se produire dans le délai de six mois fixé par l'article 5 *in fine*; ce délai ne peut être dépassé. — *Exceptio est strictissimæ interpretationis.*

Du droit d'ester en justice. — Les congrégations de femmes reconnues sont-elles obligées de demander

____

(1) Trochon, Cong. relig. p. 240.

l'autorisation du Conseil de Préfecture pour ester en justice? Il nous semble que la négative n'est pas douteuse.

L'article 1032 du code de procédure civile n'exige, en effet, cette autorisation qu'en ce qui concerne les établissements publics ; or les congrégations sont de simples établissements d'utilité publique que le gouvernement n'est pas chargé de protéger mais sur lesquels, ainsi que nous l'avons déjà dit, il exerce seulement un droit de contrôle.

Nous ajouterons que les procès peuvent être considérés comme des actes d'administration du patrimoine, dont le résultat n'est pas ordinairement de nature à enrichir les congrégations, et qu'ils présentent plutôt, pour ces dernières, un danger que les pouvoirs publics n'ont pas mission de prévenir. Aucune des lois que nous avons examinées n'impose, d'ailleurs, aux communautés religieuses, l'obligation de solliciter du gouvernement l'autorisation d'ester en justice. (1)

On a fait observer, contrairement à l'opinion que nous venons d'exposer, qu'un procès peut conduire indirectement à une aliénation, que l'autorisation par décret est exigée pour aliéner et que par conséquent,

______

(1) *Sic* BATBIE, V. p. 233 et 234. SERRIGNY. Organisation, compétence et procédure I. p. 614. Cass. 3 avril 1854.

pour des raisons analogues, l'autorisation du Conseil de Préfecture est nécessaire à la congrégation qui veut s'engager dans un procès. Si ce raisonnement était admis, il faudrait au moins, pour être logique décider que l'autorisation doit être accordée par décret et non par un simple arrêté du Conseil de Préfecture.

Tout au plus, pourrait-on reconnaître, avec M. Reverchon, (1) que les communautés hospitalières sont tenues aux termes de l'article 14 du décret du 18 février 1809 de solliciter l'autorisation en question ; ce texte porte, en effet, que « les revenus et biens des « congrégations religieuses ne pourront être admi- « nistrés que conformément aux lois et règlements « sur les établissements de bienfaisance. » Mais cette exigence ne saurait être étendue aux autres congrégations.

Pendant longtemps, le Conseil d'État, notamment dans un avis du 21 mai 1841, a consacré la nécessité de l'autorisation, mais il est revenu aux vrais principes selon nous dans l'avis du 6 juillet 1864 ainsi conçu :

---

(1) Autorisation de plaider. p. 360 et 363. — Mais nous pensons plutôt, d'accord avec la nouvelle jurisprudence du conseil d'État, que la disposition de l'article 14 du décret de 1809, elle-même, a été implicitement abrogée par la loi de 1825.

« Considérant que la loi du 24 mai 1825 et l'ordon-
« nance du 24 janvier 1831, relatives aux congréga-
« tions et communautés de femmes, n'assujettissent
« les actes de ces établissements à la condition d'une
« autorisation par le gouvernement que pour l'accep-
« tation des dons et legs, les acquisitions à titre oné-
« reux, les aliénations, les transactions ;

« Qu'en dehors de ces restrictions, qui leur sont
« imposées dans un intérêt d'ordre public, les com-
« munautés religieuses possèdent la capacité de la
« vie civile, conformément à l'article 537 du code
« civil. —

« Considérant qu'on soutient, à la vérité, que la fa-
« culté d'ester en justice pourrait devenir, pour les
« communautés religieuses un moyen indirect d'a-
« liéner leurs biens, et que, dès lors, l'exerice de
« leur part d'une action judiciaire doit être subor-
« donné à une autorisation ;

« Considérant, d'une part, que l'ordonnanee du 14
« janvier 1831, en ne refusant aux congrégations et
« communautés religieuses que le pouvoir de transi-
« ger, leur a, par cela même, imparti la faculté d'ester
« en justice, laquelle est, d'ailleurs, de droit commun
« et que, d'autre part, on ne peut supposer que les tri-
« bunaux permettent d'éluder, par un simulacre de

« procès et de jugement les lois qui régissent les
« congrégations et communautés religieuses ; —

« Considérant, enfin, que vainement on invoque les
« décrets des 18 février et 26 décembre 1810, portant
« que les biens des congrégations hospitalières et
« des maisons dites de refuge devront être adminis-
« trés conformément aux lois et règlements sur les
« bureaux de bienfaisance ;

« Qu'en effet la loi du 24 mai 1825 confère aux con-
« grégations religieuses une capacité civile qui n'est
« limitée que pour les actes d'acquisition et d'aliéna-
« tion ; d'où il suit que les dispositions restrictives
« des décrets sus énoncés, étant inconciliables avec
« la liberté d'administration, qui appartient à ces
« établissements, ont été implicitement abro-
« gés. —

« Que le caractère général et organique de la loi du
« 24 mai 1825 est établi par l'article 8 de cette loi qui
« en déclare les dispositions applicables à tous les
« établissements autorisés, même à ceux qui l'étaient
« avant la loi du 2 janvier 1817.

« Est d'avis que les congrégations et communautés
« religieuses de femmes n'ont pas besoin, pour ester
« en justice, d'une autorisation du conseil de préfec-
« ture. »

L'autorisation est-elle nécessaire pour acquiescer ?
Trochon (1) ne l'exige que si l'acquiescement renfer-
me l'abandon d'un droit. — Ravelet décide qu'elle est
obligatoire dans tous les cas (2).

(1) Com. relig. p. 250.
(2) Congr. relig. p. 142.

CHAPITRE III

DISSOLUTION ET EXTINCTION DES CONGRÉGATIONS DE FEMMES

LÉGALEMENT RECONNUES

1° Dissolution. — L'article 6 de la loi du 24 mai 1825 décide que :

« L'autorisation des congrégations religieuses ne « pourra être révoquée que par une loi.

« L'autorisation des maisons particulières dépen- « dant de ces congrégations ne pourra être révoquée « qu'après avoir pris l'avis de l'évêque diocésain et « avec les autres formes prescrites par l'article 3 de « la présente loi ».

Ce texte donne une règle différente, suivant qu'il s'agit de congrégations ou d'établissements dépendant d'une congrégation et nous devons comprendre parmi les premières, en raison de l'opposition très nette qui existe dans la loi, aussi bien les congrégations à supérieure locale, ou simples communautés, pourvu qu'elles soient indépendantes, que les congrégations à supérieure générale, les unes et les autres ne différant, d'ailleurs, que par le nombre des établissements qui les composent.

Pour les congrégations, donc, la dissolution ne peut-être prononcée que par une loi : aucune formalité préalable n'est exigée, on a voulu que le pouvoir législatif pût agir en toute liberté.

En ce qui concerne les établissements dépendant d'une congrégation, le texte renvoie à l'article 3 de la même loi : dans ce cas, un simple décret suffit pour révoquer l'autorisation, mais le gouvernement devra préalablement faire procéder à une enquête sur les inconvénients ou la convenance de la suppression réclamée, demander l'avis du conseil municipal de la commune ou est situé l'établissement et celui de l'évêque diocésain. Nous ferons observer, qu'aux termes de l'article 3, alors qu'il s'agit d'autoriser l'établissement, ce n'est pas simplement *l'avis* mais le *consentement* de l'évêque qui est nécessaire.

Cette modification fut introduite, dans l'article 6, par la Chambre des Pairs, sur la demande du duc de Valentinois (1). Le législateur a voulu que le gouvernement s'entourât de toutes les précautions et de tous

______

(1) Jacquier. Cond. légale des communautés religieuses, p. 227.

les conseils, avant de prendre une décision, mais non qu'il se trouvât dans l'impossibilité d'agir par suite de l'opposition irréductible et intéressée de l'évêque, dans une situation où l'intérêt de l'État et de la société exige qu'une autorisation soit rétirée.

Nous venons de voir qu'une loi est nécessaire pour révoquer l'autorisation accordée à une congrégation ; il s'agit de s'entendre sur la portée exacte de cette disposition. Le législateur de 1825 a-t-il entendu poser, d'une façon absolue, le principe, en vertu duquel, le pouvoir législatif, seul, a qualité pour agir en pareil cas, que la congrégation ait été autorisée par une loi ou par un décret ? La question est délicate et présente un grand intérêt ; nous savons, en effet, que depuis 1852, dans presque tous les cas, un décret suffit pour donner l'existence légale aux congrégations ; or, une loi est-elle nécessaire pour détruire ce qu'un simple décret a pu créer ?

Un certain nombre d'auteurs, entre autres Trochon et Ravelet, prétendent qu'une loi est nécessaire dans les deux cas, car le législateur de 1825 n'a pas distingué. « Le retrait d'une autorisation, dit Ravelet, est un acte « d'une juridiction plus haute que l'octroi de cette au- « torisation, en ce qu'il touche aux droits acquis, tan- « dis que l'autorisation ne touche qu'à des droits à

« naître. De ce que le gouvernement a donné la vie
« aux congrégations qu'il autorise, il ne s'ensuit pas
« qu'il puisse la leur reprendre. »

Cette théorie est très contestable, selon nous : les auteurs de la loi de 1825 n'ont eu, en effet, qu'à se préoccuper d'une situation : celle qu'ils venaient d'établir ;
or, après avoir décidé que l'autorisation ne pouvait
être accordée aux congrégations que par une loi, il
était simplement logique d'exiger que le retrait de cette
autorisation fut également l'œuvre du pouvoir légis
latif : L'article 6, en d'autres termes, ne serait, à notre
avis, qu'une application du principe de la séparation des pouvoirs. On a voulu protéger l'acte législatif contre un acte en sens contraire du pouvoir exécutif ; une loi seule peut défaire ce qu'a fait une
loi.

Dans l'alinéa 2 de l'article 6, du reste, cette idée
trouve immédiatement son application : un simple
décret suffit pour dissoudre des établissements autorisés par décret.

Le retrait de l'autorisation, a-t-on dit, est un acte
d'une juridiction plus haute que l'octroi de cette autorisation en ce qu'il touche aux droits acquis. Cela
dépend du point de vue auquel on se place. Est-ce
que l'acte qui donne naissance, dans l'État, à une per-

sonne morale, susceptible de présenter à un moment donné, par l'accumulation des biens de mainmorte et l'extension indéfinie de ses membres, un véritable danger pour la société, n'est pas au moins aussi considérable ? Que le gouvernement, pour sauvegarder les droits acquis, se montre prudent, quand il prend une pareille mesure, rien de mieux, mais il ne nous paraît guère admissible de donner à la décision qui dissout une congrégation, une importance plus grande qu'à celle qui lui a donné la vie civile.

Nous nous trouvons, autrement dit, dans l'espèce, en présence d'un retour au droit commun en dehors duquel vivent, par faveur spéciale, toutes les personnes morales qui se comportent en fait juridiquement, dans la plupart des cas, comme les personnes physiques. Or ce retour au droit commun, qui s'accomplit le jour où l'intérêt supérieur de la société l'exige, constitue évidemment un acte normal, moins grave, par conséquent, que celui qui a donné à la congrégation reconnue une situation privilégiée dans l'État.

Il s'agit enfin, dans cet ordre d'idées, de savoir si, en réalité, le législateur de 1825 a eu en vue l'intérêt de la société, de l'État ou celui des congrégations autorisées quand il a posé le principe de l'intervention législative. Or il résulte clairement, nous semble-t-il, des précédents de la loi de 1825, qu'il a voulu établir avant tout, une garantie pour l'État ; les deux projets qui donnaient au pouvoir exécutif le droit d'autoriser, par voie d'ordonnance, ayant été repoussés, à une forte majorité, par la Chambre des Pairs.

Les intentions du législateur sont donc évidentes : la disposition de l'article 6 n'est que le corollaire indispensable de celle de l'article 2, une loi n'est exigée pour le retrait de l'autorisation que parce que le législateur a dû intervenir quand il s'est agi de la donner.

Plus tard, en 1852, les pouvoirs publics jugèrent que la garantie imaginée par la loi de 1825 était peut-être excessive et voulurent, tout au molns, donner au gouvernement plus de liberté d'action en substituant presque toujours en matière d'autorisations, l'acte purement gouvernemental à l'acte législatif ; pourquoi alors, dans le silence du décret, contrairement aux principes, et en s'appuyant sur la loi de 1825, qui ne prévoit pas cette modification, exiger l'intervention du pouvoir législatif quand il s'agit de revenir sur une décision prise par le gouvernement ?

Dans le doute, n'est-il pas préférable d'appliquer purement et simplement le principe de la séparation des pouvoirs rappelé, d'ailleurs, dans une note parue au *Moniteur officiel* du 25 octobre 1861 et ainsi conçue :

« Une instruction judiciaire, suivie d'une condamna-
« tion, a établi que la congrégation des Dames de la
« Sainte-Union de Douai, a volontairement participé
« au détournement de jeunes filles juives. Ces faits
« pouvaient entrainer la révocation de l'autorisation
« générale accordée à la congrégation. Le gouverne-
« ment a cru opportun de s'arrêter à une répression
« moins sévère et un décret du 10 de ce mois a retiré
« à la maison de Douai l'existence légale qu'elle te-
« nait d'un décret du 13 avril 1850. Cette mesure em-
« preinte tout à la fois de modération et de fermeté,
« rappellera sans doute aux congrégations religieu-
« ses que leur caractère, leur but et leurs règles ne
« les dispensent pas d'obéir aux lois de leur pays. »

On a fait une application relativement récente du principe ci-dessus visé en 1880, lors de la modification de la loi du 12 juillet 1875 sur l'enseignement supérieur. Aux termes de l'article 11 de cette loi, un décret rendu en Conseil d'État pouvait déclarer établissements d'utilité publique les établissements ou associations fondés en vertu de la dite loi ; mais l'intervention du pouvoir législatif était nécessaire pour révoquer cette autorisation. C'était contraire au principe, mais on y est revenu rapidement ; en 1880 l'article 11 précité a été abrogé ; aujourd'hui l'autorisation ne peut être accordée que par une loi et il résulte des travaux préparatoires qu'une loi seule peut la retirer.

Il n'y a pas dans la loi de 1825 ou dans le décret de 1852 de dérogation au principe analogue à celle qui existait dans la loi de 1875 et qui fut supprimée en 1880. Ce principe subsiste donc tout entier, et nous concluons qu'un décret peut, en toute circonstance, révoquer une autorisation accordée par le gouvernement.

L'évêque diocésain pourrait-il supprimer, de sa propre autorité, une congrégation régulièrement autorisée? Le fait se produira quand l'association soumise, ainsi que nous le savons, à la juridiction de l'Évêque, ne se conformera pas aux règles canoniques. Un avis du Conseil d'État du 29 avril 1854 voit, dans cet acte de l'Évêque, un excès de pouvoir. Cette manière de voir nous paraît rationnelle : il est difficile d'admettre, en effet, que l'existence civile puisse être retirée à une congrégation par l'autorité ecclésiastique (1). En droit, l'article 6 de la loi du 24 mai 1825, quand il s'agit de retirer une autorisation, laisse en effet aux pouvoirs publics toute liberté, à tel point que l'Évêque, même, dont le consentement est exigé pour la création d'un

(1) Ce serait contraire à tous les principes du droit public français.

simple établissement, n'est appelé qu'à donner son avis quand il s'agit de révoquer l'autorisation donnée à cet établissement. L'autorité civile seule donc doit être souveraine. En fait, il est vrai, l'acte de l'évêque pourra déterminer le gouvernement à prendre des mesures de rigueur, mais il n'a d'autre résultat que de paralyser pour ainsi dire l'existence civile des congrégations. — (Sic déc. minist. du 22 déc. 1858.)

« Un évêque, dit Gaudry (1), ne pourrait pas de sa
« propre autorité, détruire un établissement religieux
« légalement autorisé; mais il arriverait presque au
« même résultat, par le droit de frapper de suspen-
« sion ou d'interdit les personnes religieuses et les
« lieux consacrés au culte. Une communauté ainsi
« frappée d'interdiction ou de censure ecclésiastique,
« et qui voudrait se maintenir, serait en dehors de
« l'Église, ce qui en ferait un établissement, ou héré-
« tique ou schismatique, ou du moins purement ci-
« vil, dans cet état, il est probable que le gouverne-
« ment se hâterait de faire opérer la dissolution ».

Mais l'évêque n'a pas le pouvoir de prononcer *de plano* cette dissolution.

Cette opinion est vivement combattue par un cer-

____

(1) Traité de la législation des cultes II. 619.

tain nombré d'auteurs qui nous paraissent ne pas distinguer suffisamment la question de fait de la question de droit, ainsi que le fait si justement Gaudry dans le passage que nous venons de citer (1), de sorte que les auteurs qui exigent l'intervention du pouvoir législatif quand il s'agit de retirer à une congrégation l'existence civile, accordée par simple décret, se contentent de la révocation de l'autorisation canonique pour obtenir le même résultat : c'est méconnaître, semble-t-il, une seconde fois, et plus gravement encore, le principe de la séparation des pouvoirs en accordant à l'autorité religieuse un droit qui ne doit appartenir qu'au gouvernement.

2° **Extinction des congrégations.** — Une association religieuse peut s'éteindre d'elle-même, soit qu'elle se dissolve volontairement, soit qu'elle ne trouve plus de membres pour en faire partie.

On admet généralement, en s'appuyant notamment sur un passage d'Ulpien (2), qu'une association religieuse n'est pas éteinte, même quand il ne subsiste plus

---

(1) RAVELET n° 145. JACQUIER *op. cit.* page 228. TROCHON, p. 254.

(2) *Dig. Quod cujus univers.* 1. 7.

qu'un seul de ses membres. La jurisprudence et les canonistes sont d'accord sur ce point (1).

La Cour de Cassation décide (2) qu'une sœur converse suffit pour constituer une communauté. La distinction existant sous l'ancien régime entre les religieuses de chœur et les sœurs converses, considérées alors plutôt comme des servantes que comme des membres de l'établissement, a été, en effet, supprimée par le décret de la Constituante du 8 décembre 1790, et, depuis lors, aucun texte législatif ne l'a rétablie.

Conséquences de la dissolution et de l'extinction

Après la révocation de l'autorisation, la personne civile n'existe plus, et il y a lieu de se demander ce que deviennent les biens possédés par la congrégation. La succession de l'établissement s'ouvre, pour ainsi dire. A qui va-t-elle être dévolue ? La loi de 1825, pose des règles précises à ce sujet dans son article 7.

En l'absence de ce texte, les biens possédés par la congrégation dissoute subiraient le sort commun à tous les biens appartenant aux établissements publics ou d'utilité publique, auxquels la personnalité civile

(1) Cass. 23 mai 49.
(2) *Contra*. Ravelet, n° 153. — Cass. 23 mai 49.

vient à être retirée ; laissés sans maitre *res nullius,* car les membres de l'association n'ont pas de droit de copropriété sur eux, ils deviendraient la propriété de l'Etat par application des articles 539 et 713 du code civil.

L'article 7 est ainsi conçu :

« En cas d'extinction d'une congrégation ou mai-
« son religieuse de femmes ou de révocation de
« l'autorisation qui lui aurait été accordée, les biens
« acquis par donation entre-vifs ou par disposition à
« cause de mort feront retour aux donateurs ou à
« leurs parents au degré successible, ainsi qu'à ceux
« des testateurs au même degré.

« Quant aux biens qui ne feraient pas retour ou qui
« auraient été acquis à titre onéreux, ils seront attri-
« bués et répartis, moitié aux établissenents ecclésias-
« tiques, moitié aux hospices des départements
« dans lesquels seraient situés les établissements
« éteints.

« La transmission sera opérée avec les charges et
« obligations imposées aux précédents possesseurs. »

La loi de 1825 fait donc deux parts des biens de la congrégation.

1° Elle crée, en faveur du donateur ou du testateur et de leurs héritiers, au degré successible, pour les biens acquis à titre gratuit seulement, un *droit de retour* d'une nature particulière.

Ce droit ne saurait, en effet, être assimilé à celui que peut stipuler le donateur aux termes de l'article 951 du code civil. La donation faite à la communauté n'est nullement conditionnelle, et les biens doivent revenir au donateur *cum onere*, avec toutes les charges dont ils ont pu être grevés, depuis qu'ils ont changé de propriétaire (1). Il ne pourrait, d'ailleurs, être question d'appliquer le système de l'article précité aux congrégations dont l'existence peut durer plusieurs siècles. Le droit de retour conditionnel n'existe en outre qu'au profit du donateur seul.

L'avantage imaginé par le législateur de 1825 constitue plutôt un droit successoral particulier, analogue au droit de retour de l'article 747 du code civil en faveur de l'ascendant donateur, avec cette différence toutefois, que le premier est transmissible aux héritiers du donateur ou testateur, alors que le second n'existe qu'au profit de l'ascendant qui a donné les biens.

Les héritiers du donateur devront prouver l'origine des biens existant encore en nature dans la succession de la congrégation, et ceux-ci leur reviendront

(1) La loi le dit d'ailleurs formellement.

grevés de toutes les charges établies par l'association religieuse.

2° La loi répartit les biens qui ne font pas retour et ceux qui sont acquis à titre onéreux, moitié aux établissements ecclésiastiques reconnus et jouissant de la capacité d'acquérir, moitié aux hospices du département où est situé l'établissement éteint (1).

Enfin l'article 7, *in fine*, accorde une pension, dont le chiffre sera fixé par le gouvernement, aux membres de la congrégation dissoute ;

« Dans le cas de révocation prévue par le premier
« paragraphe, les membres de la congrégation ou
« maison religieuse de femmes, auront droit à une
« pension alimentaire qui sera prélevée, 1° sur les
« biens acquis à titre onéreux, 2° subsidiairement
« sur les biens acquis à titre gratuit, lesquels, dans
« ce cas, ne feront retour aux familles des donateurs
« ou testateurs qu'après l'extinction desdites pen-
« sions. »

Les règles ci-dessus exposées, relativement à la répartition des biens de la congrégation, s'appliquent facilement quand il s'agit d'un établissement indé-

____

(1) Le décret-loi du 26 mars 1852 sur les sociétés de secours mutuels, et la loi du 12 juillet 1875 sur les établissements d'enseignement supérieur, consacrent un système analogue.

pendant, mais que décider au cas où il s'agirait d'un établissement dépendant d'une congrégation à supérieure générale : les biens alors ne devront-ils pas revenir à la maison-mère ?

L'avis du Conseil d'Etat des 28 mai et 4 juin 1891 proclame, nous l'avons vu, l'indépendance des patrimoines des établissements dépendant de maisons mères. Il semble difficile d'admettre, en présence de cette décision, que les biens de l'établissement éteint puissent être dévolus à la congrégation dont il est issu. Dans l'état actuel de la jurisprudence, l'établissement, en effet, a une individualité distincte ; il constitue un être moral dont l'existence n'a rien de commun, en ce qui concerne la personnalité civile, avec celle de la maison mère.

Les auteurs (1) cependant admettent généralement le système contraire, en s'appuyant notamment sur nu avis du Conseil d'État du 27 octobre 1830, qui décide :

« Dans ces établissements, la supérieure générale
« ayant une action immédiate sur tous les sujets de
« la congrégation, surveillant le régime intérieur de
« l'administration de tous les établissements, ils peu-

____

(1) RAVELET, p. 158. GAUDRY II, n° 613.

« vent être considérés comme des dépendances de la
« congrégation, et les biens ne doivent pas être con-
« sidérés comme vacants, tant que la congrégation
« mère subsiste. Souvent d'ailleurs les établissements
« partiels ne sont formés qu'avec les fonds de la con-
« grégation : il s'ensuit que les biens acquis à titre oné-
« reux, ou qui ne pourraient faire retour faute d'ayants-
« droits doivent rester la propriété de la congrégation.
« Quant à ceux donnés ou légués, comme les dona-
« teurs peuvent avoir en vue l'avantage particulier de
« l'établissement supprimé, et non celui de la con-
« grégation mère, on ne peut donner à leur égard une
« solution générale, il faut, pour chaque espèce, re-
« courir aux actes pour examiner s'ils ont fait, im-
« plicitement du moins, de l'existence de l'établisse-
« ment une condition de leur libéralité. »

Tout ce que l'on pourrait, à la rigueur, admettre de
ce système, c'est que la maison-mère aurait la faculté
de faire la preuve que l'établissement particulier a été
fondé et entretenu à l'aide des subsides fournis par
elle ; peut-être, dès lors, pourrait-elle rentrer en possession des biens ainsi sortis de son patrimoine propre, mais ce serait, là, une question de fait souvent difficile à trancher. Il n'y aurait, du reste, pas contradiction entre cette solution et l'avis de 1891, qui dispose

in fine, « que l'établissement principal d'une congré-
« gation peut être autorisé à disposer des biens qui
« lui appartiennent en propre, ou à emprunter en son
« nom pour les besoins des établissements particu-
« liers légalement reconnus. »

CHAPITRE IV

Les congrégations religieuses reconnues sont assujetties à la *contribution foncière*, quels que soient la nature et le but de l'établissement. Le Conseil d'État, qui avait autrefois admis quelques exceptions à ce principe, décide, dans sa nouvelle jurisprudence, que cet impôt est dû pour tous les immeubles possédés par les communautés.

Les membres des mêmes congrégations doivent la *contribution personnelle et mobilière*. Les novices, qui ont des moyens d'existence propres peuvent être imposées. Quant aux sœurs converses, le Conseil d'État les classes seulement parmi les personnes, que le conseil municipal peut exempter de toute cotisation par application de la loi du 21 avril 1832 (1).

(1) Conseil d'État, Cont. 30 novembre 1888.

La *contribution des portes et fenêtres* est due au moins en ce qui concerne les bâtiments affectés au logement des religieuses.

Les communautés religieuses sont soumises à l'impôt de la *patente* quand elles constituent des établissements qui rentrent dans les classes d'industrie ou de commerce assujetties à cette contribution.

En ce qui concerne les actes d'acquisition à titre onéreux ou à titre gratuit, toutes les congrégations reconnues, sans distinction, paient les mêmes droits d'enregistrement que les particuliers (1).

Taxe de mainmorte. — La taxe de mainmorte a été établie par la loi du 20 février 1849.

Cette taxe est destinée à remplacer les droits de mutation par décès que le fisc ne perçoit jamais en ce qui concerne les biens appartenant aux établissements publics et d'utilité publique, et en particulier aux congrégations religieuses autorisées qui ne meurent pas. On a cherché, par là, à faire rentrer dans le droit commun, dans une mesure trop faible encore, d'ailleurs, des biens soumis à un régime privilégié

____

(1) La loi de 1824, abrogée par les lois du 18 avril 1831 et du 28 avril 1832 avait affranchi du droit proportionnel d'enregistrement les acquisitions d'immeubles destinés à un service public ou ne produisant pas de revenus.

dont les incovénients sont signalés, en ces termes, par le rapporteur de la loi de 1849, M. Jules Grévy :

« Ces biens, dont la masse va sans cesse augmen-
« tant, sont retirés du commerce au grand préjudice
« de la richesse nationale, du Trésor public, de la
« masse des contribuables ; car, d'une part, ces biens
« ne fournissent aucun aliment au mouvement fécon-
« dant des transactions, et, d'autre part, ils restent
« sous le rapport de la production, dans un sérieux
« état d'infériorité. De là, préjudice pour la masse
« des contribuables ; car les biens de mainmorte ne
« produisent pas le tiers de ce que produisent les
« autres biens, ne contribuent à l'impôt direct que dans
« cette proportion affaiblie, ce qui surcharge d'autant
« les biens des particuliers. »

La loi de 1849 a essayé de remédier à cet état de choses : elle est ainsi conçue.

Art. I. — Il sera établi à partir du 1ᵉʳ janvier 1849, sur
« les biens immeubles passibles de la contribution
« foncière, appartenant aux départements, commu-
« nes, hospices, séminaires, fabriques, *congrégations*
« *religieuses*, consistoires, établissements de charité,
« bureaux de bienfaisance, sociétés anonymes et tous
« établissements publics *légalement autorisés*, une
« taxe annuelle représentative des droits de trans-

« mission entre-vifs et par décès. Cette taxe sera cal-
« culée à raison de 62 centimes et demi pour franc
« du principal de la contribution foncière. »

2. — Les formes prescrites pour le recouvrement
« de la contribution foncière seront suivies pour l'éta-
« blissement et la perception de la nouvelle taxe.

3. — « La taxe annuelle, établie par la présente loi,
« sera à la charge du propriétaire seul, pendant la
« durée des baux actuels, nonobstant toutes stipula-
« tions contraires.

Une loi du 30 mars 1872 a levé à 70 centimes par
franc du principal de la contribution foncière le taux
de cette taxe de mainmorte à partir du 1er janvier 1873.

La loi de 1849 exige plusieurs conditions pour que
l'impôt puisse être perçu :

1° La taxe ne peut porter que sur les biens immeubles possédés par les congrégations et le législateur
n'a sans doute voulu parler ici que des immeubles
par nature. (Art. 517 du code civil).

2° Les immeubles doivent être passibles de la contribution foncière (1).

La taxe est-elle due, quand l'immeuble sur lequel
elle porte est affranchi temporairement, pour une
raison quelconque, du paiement de la contribution

(1) Voir les lois du 3 Frimaire de l'an VII et du 15 août 1890.

foncière ? Nous pensons qu'elle doit être perçue dans tous les cas. Il ne faut pas oublier, en effet, qu'il s'agit ici d'un impôt sur le capital et non sur le revenu, et que cet impôt doit être payé d'une façon invariable, nonobstant toutes variations du chiffre du revenu.

La taxe de mainmorte, en raison de son caractère spécial, ne peut subir le contre-coup des fluctuations de la contribution foncière. Cela nous paraît résulter des travaux préparatoires de la loi et de l'opinion exprimée par le Ministre des Finances le 12 décembre 1851, devant le Conseil d'État où la question avait été portée.

Nous ne pouvons mieux faire que de reproduire les paroles du Ministre :

« La taxe représentative de droits qui se perçoivent
« sur la valeur capitale des immeubles et non sur leur
« produit ou revenu annuel, exclut toute application
« du principe des remises et modérations dont la
« contribution foncière est susceptible, ce qui a d'ail-
« leurs été établi au moment de la discussion de la
« loi par le rejet d'un amendement de deux membres
« de l'Assemblée législative, qui avaient proposé la
« création d'un fonds destiné à accorder des remises
« ou modérations. »

On a objecté (1) qu'il **y** a là, une contradiction entre les règles admises pour l'impôt foncier et celles qui sont applicables à la taxe de mainmorte, qu'il peut être fait remise de l'impôt foncier en cas d'accidents imprévus, de pertes de revenus. Nous ne voyons pas, pour notre part, la contradiction, parce que l'assimilation ne nous semble pas admissible. Cette discussion, du reste, présente un intérêt plutôt théorique puisqu'il n'existe pas de fonds de non-valeurs permettant aux contribuables de présenter des demandes en remise ou en modération.

3° La congrégation doit être propriétaire de l'immeuble.

Si l'établissement imposable n'en a que l'usufruit, la taxe n'est pas due ; on ne peut dire en effet, dans ce cas, qu'il y a privation pour le trésor des droits de transmission par décès puisque l'usufruit est essentiellement viager ou temporaire.

Que doit-on décider si la congrégation ne possède que la nue propriété de l'immeuble? La question n'est pas aussi simple. Le Conseil d'État, interprétant à la lettre la loi de 1849, a pensé que dans ce cas, le paiement de la taxe était obligatoire ; il est vrai de dire, en

(1) DE BURETEL DE CHASSEY. Condition fiscale des congrégations religieuses en France. Thèse 1893.

effet, qu'une chose appartient à celui qui en a la nue propriété ; toutefois cette assemblée estimant que le trésor ne fait, en réalité, qu'une perte partielle, puisqu'il percevra, tôt ou tard, des droits sur la transmission de l'usufruit, a décidé que la taxe serait alors calculée à raison seulement de soixante-dix centimes par franc de la moitié du principal de la contribution foncière (1).

Si l'immeuble possédé par la congrégation est affermé par bail emphytéotique, le Conseil d'État, contrairement à la jurisprudence que nous venons de faire connaître, et à celle de la Cour de Cassation, décide que la taxe de mainmorte doit être payée intégralement par l'établissement propriétaire (2). L'incertitude, qui peut planer, actuellement, sur la nature et les effets d'un bail emphytéotique, en l'absence de texte précis de notre législation sur l'emphytéose, justifie pleinement, selon nous, cette décision. La Cour de Cassation (3) admet, au contraire, peut-être un peu arbitrairement, que le bail emphytéotique opère la division par moitié de la propriété entre le

(1) Arrêt du 13 août 1851.
(2) 3 mars 1852. — 3 février 1853.
(3) 6 mars 1850.

preneur et le bailleur, et ne met à la charge du second
qu'une partie de la taxe de mainmorte.

En 1880 le législateur, justement inquiet de l'extension constante de la mainmorte, et voulant, autant
que possible, faire disparaître une inégalité qui existait au profit de quelques associations et notamment
des congrégations religieuses pour le paiement de
certains droits, étendit à ces associations deux impôts
déjà existants : nous voulons parler du *droit de 3 0/0
sur le revenu des valeurs mobilières* et du *droit d'accroissement*. Le premier est mentionné dans l'article 3
de la loi du 28 décembre 1880, le second dans l'article
4 de la même loi. Examinons successivement ces
deux impôts.

Droit de 3 % sur le revenu des valeurs mobilières.
La loi du 29 juin 1872 a établi une taxe annuelle et
obligatoire de 3 0/0, 1° Sur les intérêts, dividendes,
revenus et tous autres produits des actions de toute
nature, des sociétés, compagnies ou entreprises quelconques, financières, industrielles, commerciales ou
civiles, quelle que soit l'époque de leur création ;
2° Sur les arrérages et intérêts annuels des emprunts
et obligations des départements, communes et établissements publics ainsi que les sociétés, compa-

gnies et entreprises ci-dessus désignées;3° Sur les intérêts produits et bénéfices annuels des parts d'inrêts et commandites dans les sociétés, compagnies et entreprises dont le capital n'est pas divisé en actions. (art. 1ᵉʳ ;)

On avait pensé que la taxe en question ne devait être payée que par les sociétés qui distribuaient entre leurs membres les produits réalisés ; il semblait en effet résulter de l'économie de la loi qu'il s'agissait plutôt d'un droit portant sur les revenus des valeurs mobilières à leur sortie du patrimoine de la société que d'un impôt sur les mêmes revenus tombés définitivement dans ce patrimoine. De telle sorte que les associations religieuses reconnues, en raison de leur nature même, étaient dispensés de payer la taxe, les produits réalisés par ces associations ne pouvant jamais être distribués entre leurs membres qui n'ont aucun droit sur les biens acquis et possédés par l'être moral, seul propriétaire. Les revenus des valeurs mobilières appartenant aux congrégations venaient ainsi grossir les biens de mainmorte soustraits à l'action de l'impôt:

Il importait de faire cesser cette inégalité :

D'abord le Gouvernement, d'accord avec la Commission du budget, avait proposé de soumettre à l'impôt de 3 0/0 toutes les communautés, congrégations et associations religieuses, autorisées ou non autorisées.

Mais, dans la rédaction définitive de l'article 3, on évita d'employer le terme congrégration et on visa, d'une façon générale, toutes les associations reconnues ou non, afin de pouvoir frapper, d'une façon certaine, les sociétés civiles, qui souvent se constituent à côté des associations religieuses.

Cet article 3 est ainsi conçu :

« L'impôt établi par la loi du 29 Juin 1872 sur les
« produits et bénéfices annuels des actions, parts d'in-
« térêts et commandites, sera payé par toutes les so-
« ciétés dans lesquelles les produits ne doivent pas
« être distribués en tout ou en partie entre leurs mem-
« bres. *Les mêmes dispositions s'appliquent aux asso-*
« *ciations reconnues et aux sociétés ou associations,*
« *même de fait, existant entre tous ou quelques-uns*
« *des membres des associations reconnues ou non*
« *reconnues.*

« Le revenu est déterminé : 1º pour les actions, d'a-
« près les délibérations, comptes rendus ou docu-
« ments prévus par le premier paragraphe de l'ar-
« ticle2 de la loi du 29 juin 1872 ; 2º et pour les autres
« valeurs, soit par les délibérations des conseils d'ad-
« ministration prévues dans le troisième paragraphe

« du même article, soit par la déclaration des repré-
« sentants des sociétés ou associations, appuyées de
« toutes les justifications nécessaires, soit à défaut de
« délibérations et de déclarations, à raison de 5 0/0
« de l'évaluation détaillée des meubles et des immeu-
« bles composant le capital social.

« Le payement de la taxe applicable à l'année expi-
« rée sera fait par la société, ou l'association, dans
« les trois premiers mois de l'année suivante, sur la
« remise des extraits des délibérations, comptes-ren-
« dus ou documents analogues, et de la déclaration
« souscrite conformément à l'article 16 de la loi du 22
« frimaire de l'an VII.

« L'inexactitude des déclarations, délibérations,
« comptes rendu ou documents analogues, peut être
« établie conformément aux articles 17, 18 et 19 de
« la loi du 22 frimaire an VII, 13 et 15 de celle du 23
« août 1871.

« Chaque contravention aux dispositions qui précè-
« dent et à celles du règlement d'administration publi-
« que qui sera fait, s'il y a lieu, pour leur exécution,
« sera punie conformément à l'article 5 de la loi du
« 29 juin 1872. — Sont maintenues toutes les dispo-
« sitions de cette dernière loi et du règlement d'ad-

« ministration publique du 6 déc. 1872 qui n'ont rien
« de contraire aux présentes dispositions. »

Détermination du revenu. — Il résulte des dispositions contenues dans le deuxième alinéa de cet article 3, que pour déterminer le revenu imposable, la
règle n'est pas la même pour les actions que pour les
autres valeurs.

En ce qui concerne les actions, la loi nouvelle pres-
crit de se reporter au paragraphe premier de l'article 2 de la loi du 29 juin 1872 qui porte que :

« Le revenu est déterminé, pour les actions, par
« le dividende fixé, d'après les délibérations des as-
« semblées générales d'actionnaires ou des conseils
« d'administration, les comptes rendus ou tous autres
« documents analogues. »

Les documents mentionnés par ce texte ne pourront faire connaitre le revenu effectif des actions que
pour les sociétés où il y a répartition de revenus ; or
les congrégations reconnues, ainsi que nous l'avons
vu précédemment, n'admettent pas cette répartition,
de telle sorte qu'il ne peut être question de leur appliquer la disposition illusoire, en ce qui les concerne, de
l'article 3 ; dans ce cas, l'administration aurait, selon
nous, à demander le paiement d'une somme fixée ap-
proximativement, d'après les renseignements qu'elle

a à sa disposition ; peut-être pourrait-on aussi, dans l'espèce, s'en remettre aux tribunaux du soin de procéder à l'évaluation du revenu probable.

Pour les valeurs autres que les actions, la loi de 1880 laisse aux sociétés ou congrégations, le choix entre trois modes distincts de détermination du revenu 1° Les délibérations du conseil d'administration ; 2° Les déclarations des représentants des sociétés, appuyées des pièces justificatives nécessaires ; 3° La fixation à forfait à raison de 5 0/0 de l'évaluation détaillée des meubles et immeubles composant le capital social.

Mais ce droit d'option a été enlevé aux congrégations par l'article 9 de la loi du 29 décembre 1884, paragraphe 2, ainsi conçu : « Le revenu est déterminé à raison de 5 0/0 de la valeur brute des biens meubles et immeubles *possédés* ou *occupés* par les sociétés à moins qu'un revenu supérieur ne soit constaté. »

Le forfait de 5 0/0 est donc seul maintenu. Aux termes de cette nouvelle disposition, la taxe doit être calculée sur la valeur brute des biens, soit sans déduction préalable des dettes dont ils peuvent être grevés.

Ces biens doivent être possédés par l'association c'est-à-dire, qu'elle doit en avoir la propriété soit totale, soit partielle ; ils peuvent aussi être simplement

occupés par la congrégation; l'administration de la
Régie range dans cette dernière catégorie « ceux sur lesquels la congrégation exerce un droit de jouissance personnelle, soit par elle-même, soit par les membres qui
la composent ou par des sociétés civiles formées entre
eux ; les dispositions de la loi sont générales : elles com-
prennent les occupations gratuites, comme les occupations à titre onéreux. La seule condition requise pour
l'application de l'article 9 de la loi, c'est que les congrégations exercent sur la chose un droit de détention
personnelle leur conférant le droit de s'en approprier
les utilités juridiques. »

La taxe de 3 % doit être acquittée au bureau de
l'enregistrement du siège social.

Nous estimons, que toutes les succursales d'une
congrégation à supérieure générale fondées dans
les condition prévues par la loi du 24 mai 1825, sont
tenues d'acquitter l'impôt au bureau de l'enregistrement de la circonscription dans laquelle se trouve
leur siège particulier.

Un jugement du tribunal de la Seine du 27 juillet
1883 établit une distinction, à ce sujet, entre les succursales qui ont une existence propre, au point de
vue de la gestion de leurs intérêts, quoiqu'elles soient
rattachées à la maison-mère pour l'ordre et la disci-

pline générale, et celles qui ont une existence absolument dépendante de l'établissement principal « Lorsque les succursales d'une congrégation religieuse, dit ce jugement, n'ont pas d'existence propre et indépendante, bien qu'elles soient dirigées par une supérieure locale, la taxe doit être acquittée aux bureaux de la circonscription de la maison-mère, d'après une délibération collective produite par la supérieure générale. »

Cette distinction nous paraît difficilement admissible, aujourd'hui surtout, en présence de la nouvelle jurisprudence du Conseil d'État qui, ainsi que nous l'avons vu, établit une séparation très nette, quant aux intérêts matériels, entre les différents établissements d'une congrégation à supérieure générale et la maison-mère.

Droit d'accroissement. — Le droit d'accroissement a été établi par l'article 4 de la loi du 28 décembre 1880 ; cet article est ainsi conçu .

« Dans toutes les sociétés ou associations civiles
« qui admettent *l'adjonction* de nouveaux membres,
« les accroissements opérés par suite de clauses de
« réversion au profit des membres restants de la part
« de ceux qui cessent de faire partie de la société ou
« association, sont assujettis aux droits de mutation

« par décès, si l'accroissement se réalise par le décès
« ou aux droits de donation s'il a lieu de toute autre
« manière, d'après la nature des biens existants au
« jour de l'accroissement nonobstant toutes cessions
« antérieures faites entre-vifs au profit d'un ou de
« plusieurs membres de la société ou de l'association.

« La liquidation et le paiement de ce droit auront
« lieu dans la forme, dans les délais et sous les peines
« établies, par les lois en vigueur pour les transmis-
« sions d'immeubles ».

Aux termes de cette disposition, le droit d'accroissement n'est dû qu'à deux conditions : il faut : 1° que
la société ou association puisse se perpétuer par
l'adjonction de nouveaux membres; 2° qu'une clause
dite de reversion soit stipulée au profit de ceux qui
restent et qui *ont sur le fonds commun un droit au
partage*.

Dans le texte précité, les congrégations ne sont pas
encore nommées; le législateur emploie l'expression
plus générale de sociétés ou associations civiles.

Sous l'empire de cette disposition, quand il s'agissait d'une congrégation reconnue, deux situations
pouvaient se présenter :

1° Tous les membres de la congrégation ou quelques-uns d'entre eux constituaient une société civile

ordinaire avec les clauses d'adjonction et de réversion : les dispositions de l'article 4 s'appliquaient alors
sans difficulté et le droit pouvait être perçu, car toutes
les conditions de la loi étaient remplies, les associés
ayant notamment en cas de dissolution ou d'extinction de la société, un droit personnel au partage sur
le fonds commun.

2° Il en était tout autrement s'il s'agissait simplement d'une congrégation reconnue, constituée en
l'absence de toutes stipulations de la nature de celles
prévues par la loi de 1880 ; l'association formait alors
un établissement d'utilité publique, une personne
morale, possédant des biens sur lesquels les associés
n'avaient aucun droit ; l'accroissement ne s'opérait
donc pas puisque le membre qui venait à décéder ou
à cesser de faire partie de l'association ne transmettait rien à ceux qui restaient.

A ce raisonnement il n'y avait rien à objecter en
présence de la rédaction de l'article 4.

Il va sans dire que les congrégations reconnues
firent disparaître, avec soin, de leurs statuts les clauses d'adjonction et de réversion, de telle sorte que
l'impôt nouveau ne pouvait les toucher.

La loi du 29 décembre 1884, dans son article 9, précisant la portée de la loi de 1880 en a appliqué les dis-

positions à toutes les congrégations sans exception, reconnues ou non reconnues, à celles qui ne sont pas constituées en sociétés, comme à celles qui ont emprunté la forme des sociétés ordinaires.

« Les impôts établis par les articles 3 et 4 de la loi
« de finance du 28 décembre 1880, dit cet article 9,
« seront payés par toutes les congrégations, commu-
« nautés et associations religieuses, *autorisées* ou *non*
« *autorisées*, et par toutes les sociétés ou associations
« désignées dans cette loi, dont l'objet n'est pas de
« distribuer leurs produits en tout ou en partie entre
« leurs membres. »

Le revenu sur lequel le droit est calculé est déterminé, d'après le deuxième alinéa de cet article, ainsi qu'il a été dit précédemment en ce qui concerne le droit de 3 0[0 sur les valeurs mobilières.

Les associés restants doivent faire, au bureau de 'enregistrement, la déclaration détaillée et estimative des biens (1) dans les six mois, si l'accroissement s'est opéré par décès et dans les trois mois s'il s'agit d'une donation.

Il nous semble qu'en présence du nouveau texte si formel de l'article 9 de la loi de 1884, toutes les congrégations autorisées doivent obligatoirement ac-

(1) Loi du 27 ventôse an IX art. 4.

quitter le droit d'accroissement sans qu'on ait à rechercher, comme sous l'empire de la loi de 1880, s'il y a, ou non, prohibition expresse ou tacite d'une répartition individuelle des bénéfices, si ces associations se consacrent à des œuvres de charité ou si elles poursuivent un but de spéculation.

Et cependant cette interprétation de l'article 4 a soulevé de graves difficultés.

On a dit : l'article 4 n'a pas modifié, en ce qui concerne les congrégations reconnues, la situation qui leur est faite par la loi de 1880. Ces congrégations constituent des personnes morales, n'admettant pas le partage des biens entre les associés ; l'accroissement ne peut donc jamais s'y produire et en l'absence de clauses de réversion la loi leur demeure inapplicable. A ne s'en tenir qu'aux apparences, cette manière de voir semble inattaquable, mais il n'est pas difficile de constater qu'elle va, en réalité, absolument à l'encontre du texte de la loi et de l'esprit dans lequel elle a été conçue.

Le texte, en effet, nous le répétons, est formel ; il vise toutes les congrégations *autorisées* ou *non autorisées*, et à moins d'admettre que ces mots ne signifient rien, il ne peut être question de subordonner l'exigibilité de l'impôt à l'existence de clauses de réversibilité ou d'adjonction de nouveaux membres.

Le législateur de 1884 a évidemment eu l'intention
de prévenir les fraudes nombreuses qui se produi-
saient depuis 1880. Pour échapper à la perception du
droit, les congrégations reconnues, constituées, ou
non, en sociétés civiles, n'avaient, en effet, qu'à supprimer, dans leurs statuts, l'une ou l'autre, ou les deux
clauses de réversion et d'adjonction. C'est pour remédier à cet état de choses qu'est intervenu l'article 9
précisant l'énumération des sociétés assujetties à
l'impôt, de façon à éviter au fisc l'obligation de procé·
der à des investigations qui aboutissaient, dans la plupart des cas, à la constatation d'une situation n'autorisant pas la perception du droit d'accroissement.

Au surplus, la conséquence du système que nous
combattons, serait de frapper d'une impuissance absolue les dispositions de la loi de 1884, qui, dès lors,
seraient complètement inutiles, relativement aux congrégations autorisées.

L'administration (1) et la jurisprudence sont, d'ailleurs, d'accord pour donner à l'article 9 de la loi de
1884 une interprétation conforme à l'esprit dans lequel il a été rédigé, et nous ne pouvons mieux faire
que de reproduire l'arrêt de la Cour de Cassation du

____

(1) Instruction du 3 juin 1885. No 8.

27 novembre 1889 qui a fixé définitivement sur ce point la jurisprudence après l'arrêt du tribunal de la Seine du 18 mars 1887·

« La Cour : — Sur le moyen unique : — Attendu « qu'en matière d'impôts, c'est avant tout dans le « texte même de la loi qu'il faut chercher quelle a été « l'intention du législateur, et que les dispositions « dans lesquelles il l'a manifestement exprimée doi- « vent recevoir l'application stricte et littérale que « leur teneur commande ;

« Attendu qu'aux termes de l'article 9, paragraphe 1er « de la loi du 29 décembre 1884, les impôts établis « par les articles 3 et 4 de la loi de finances du 28 « décembre 1880, sont payés par toutes les congré- « gations, communautés et associations religieuses « autorisées et non autorisées.

« Attendu que cet article est aussi formel qu'il est « clair ; qu'il en résulte que, tandis que sous l'empire « de la loi du 28 décembre 1880, étaient seules pas- « sibles du droit d'accroissement établi par l'article 4 « de cette loi les sociétés ou associations civiles qui « rentraient dans la définition qu'elle donnait et qui « réalisaient les conditions particulières d'exigibilité « de cet impôt, qu'elle énonçait avec précision, sous « l'empire de la loi du 29 décembre 1884, le droit d'ac-

« croissement est dû par toutes les congrégations,
« communautés, associations autorisées ou non auto-
« risées ; que cela ressort manifestement de la dési-
« gnation absolument différente des personnes su-
« jettes à cet impôt, que la loi de 1884 a substituées
« à celles que contenait la loi de 1880 ; et que cela est
« d'autant plus certain, que dans la loi de 1884, le lé-
« gislateur ne s'est pas borné à soumettre au droit
« d'accroisement, comme à la taxe sur le revenu,
« les congrégations en général, ce qui suffirait pour
« qu'il fût interdit d'introduire dans la loi une distinc-
« tion qu'elle n'aurait pas faite, mais encore qu'il a
« disposé en termes exprès que le droit d'accroisse-
« ment serait, tout comme la taxe sur le revenu, payé
« par toutes les congrégations, communautés, asso-
« ciations religieuses, autorisées ou non autorisées,
« sans plus énoncer aucune autre condition d'exigi-
« bilité que cette seule qualité ».

« Qu'il suit de là que le jugement attaqué, en dé-
« boutant la congrégation autorisée des Frères des
« écoles chrétiennes dits de Saint-Yon de son oppo-
« sition à la contrainte contre elle décernée le 3 fé-
« vrier 1886 pour le recouvrement de la somme de
« 455 fr. 63 c., à laquelle a été liquidé provisoirement
« le montant des droits réclamés par l'administration

« à raison du décès de neuf des membres de cet
« institut, loin de violer la loi n'en a fait qu'une exacte
« application ; Par ces motifs, rejette. etc. ».

Les adversaires du système admis par l'administration et la jurisprudence, font encore remarquer
qu'il n'est pas admissible que le législateur de 1884
ait voulu assujettir à un nouvel impôt de mutation
très lourd les congrégation autorisées, frappées déjà
par la taxe de mainmorte représentative des droits
de transmission entre vifs et par décès.

Cette observation ne nous paraît pas justifiée.

Le cumul des deux impôts s'explique, en effet, aisément : il était nécessaire, ou de relever le taux beaucoup trop faible de la taxe de mainmorte, ou de créer
parallèlement un nouvel impôt de mutation, de façon à grever, par le cumul de ces deux droits, les
biens des congrégations dans la même proportion que
ccux des particuliers. Le législateur de 1884 s'est arrêté au second moyen. Peut-on lui faire un grief d'a-
voir cherché, par cette mesure, à assurer l'égalité devant l'impôt pour les congrégations comme pour tous
les citoyens (1).

(1) Un jugement du Tribunal de Belfort du 12 août 1891, dit, à
ce sujet, que la loi de décembre 1884, a créé, *dans un but purement fiscal*, une FICTION LÉGALE, d'après laquelle chacun des

Il est certain que les congrégations autorisées, seules assujetties à la taxe de mainmorte, sont dès lors
plus maltraitées que les congrégations non autorisées.
Mais c'est une conséquence de leur situation même
et de la faveur dont elles ont été l'objet, en obtenant
la reconnaissance légale. Au surplus, l'objection, qui
est formulée, peut avoir une certaine valeur en législation mais ne peut constituer un argument en présence des termes formels de la loi.

Le droit d'accroissement est un droit de transmission ; « la liquidation et le paiement en auront lieu

membres d'une congrégation reconnue, qui meurt ou se retire,
est censé laisser, aux membres restants, sa part indivise dans
tous les immeubtes et dans tous les meubles qui font partie de
l'actif de la congrégation et cela, en dépit des dispositions de la
loi de 1825, aux termes desquelles, les congrégations religieuses
de femmes régulièrement autorisées constituent des personnes
morales possédant seules, à l'exclusion de chacun de leurs
membres, tous les biens dépendant de la société.

Cette idée est également exprimée dans un arrêt de la Cour de
Cassation du 13 janvier 1892, que nous citons plus loin.

Telle a été évidemment l'intention du législateur qui, sans se
préoccuper du point de savoir s'il y avait, ou non, en fait, transmission ou partage de biens, a assujetti les congrégations reconnues au nouveau droit, que l'on peut considérer, comme un impôt de superposition, destiné à renforcer la taxe de mainmorte
jugée insuffisante.

dans la forme, dans les délais, et sous les peines établies pour les transmissions d'immeubles », dit le deuxième alinéa de l'article 3 de la loi de 1880, auquel renvoie l'article 9 de celle de 1884. — Mais ce droit, à la différence de celui de 3 0/0 sur les valeurs mobilières, ne frappe que les biens *possédés* par la congrégation, puisque l'événement, qui fait sortir l'associé, n'opère aucune transmission des biens *occupés* au profit des membres restants.

Si la réversion s'opère par la mort de l'un des associés, le droit d'accroissement est assimilé alors au droit de mutation par décès, et, aux termes de la loi de Frimaire an VII, la déclaration doit être faite, pour les immeubles et les meubles corporels, au bureau de la situation des biens, et, pour les autres valeurs, au bureau du domicile du défunt.

S'il s'agit d'accroissements qui se réalisent entre-vifs, la déclaration peut être faite dans tous les bureaux indistinctement (1).

Chaque établissement particulier d'une congrégation à supérieure générale est-il tenu de payer les droits d'accroissement en cas de décès de l'un de ses membres ? L'affirmative nous paraît certaine en présence

(1) Loi du 22 Frimaire an VII art. 26 et Loi du 27 Ventôse an XI art. 4.

de l'avis du Conseil d'Etat du 4 juin 1891 qui, ainsi que nous l'avons constaté plusieurs fois au cours de ce travail, repousse toute idée de propriété collective entre les divers établissements appartenant à une même congrégation et reconnait à chacun d'eux une existence propre et indépendante.

Les congrégations doivent-elles pour le paiement du droit d'accroissement, en cas de mutation par décès, faire une déclaration à chacun des bureaux dans le ressort desquels elles possèdent des biens, ou peuvent-elles se borner à faire une déclaration unique au siège principal de la congrégation ?

La question a été et est encore fort discutée. Elle présente, d'ailleurs, un assez grand intérêt pratique. En effet, aux termes de l'article 2 de la loi du 27 ventose an IX, la perception du droit proportionnel doit suivre les sommes et valeurs de 20 en 20 fr. inclusivement et sans fractions, de telle sorte que, la valeur déclarée fut-elle seulement de quelques centimes, ce droit qui est de 11 fr. 25 0/0 soit de 2 fr. 25 pour 20 fr., devra être payé intégralement. Si une déclaration unique suffit, le droit sera payé sur un minimum de 20 fr. seulement au bureau de la déclaration ; dans le cas contraire, il y aura lieu à la perception de 11 fr. 25 0/0 par chaque 20 fr. ou fraction de 20 fr. dans chacun des bureaux dans les ressorts desquels les biens dépendant de la succession seront situés.

Les partisans du système de la déclaration multiple s'appuient sur le texte de la loi du 28 décembre 1880 auquel renvoie l'article 9, qui dispose ainsi que nous l'avons déjà indiqué, que « la liquidation et le paie- « ment du droit d'accroissement ont lieu dans la « forme, dans les délais et sous les peines établies « par les lois en vigueur pour les transmissions d'im- « meubles. » Or, l'article 27 de la loi du 22 frimaire de l'an VII exige que « les mutations de propriété ou « d'usufruit par décès soient enregistrées au bureau « de la situation des biens ». Il font donc une décla- ration pour chaque bureau dans le ressort duquel se trouvent des biens dépendant de la succession. La loi est dure, mais c'est une loi fiscale, et elle doit être appliquée dans toute sa rigueur.

Cette opinion, qui est celle de la Régie, est confirmée par un certain nombre de décisions de tribunaux, no- tamment ceux de Belfort, 12 août 1891, — le Havre, 25 juillet 1891, — Sedan, 8 décembre 1891, — Charolles, 24 décembre, 1891, — Clermont, 27 novembre 1891. — Épinal, 19 novembre 1891. — Dieppe, 24 octobre 1891.

Le jugement du Tribunal de Belfort du 12 août 1891 fait notamment remarquer que l'impôt d'accroisse-

ment ne doit pas être considéré comme un impôt
sui generis, comme un droit nouvellement créé, mais
que le texte très net et très précis de l'articte 4 de la
loi de 1880 l'assimile, suivant que l'accroissement se
réalise par décès ou de tout autre manière au droit
du mutation par décès ou au droit de mutation par
donation ; que la discussion de la loi devant les chambres ne peut laisser aucun doute à cet égard, et que,
dès lors, le paiement de ce droit doit être effectué,
faute d'une indication contraire, dans la forme édictée
par la loi de 1880, c'est-à-dire selon les prescriptions ·
de l'article 27 de la loi du 22 frimaire de l'an VII.

Les adversaires de cette doctrine soutiennent qu'elle
conduit à des résultats inacceptables, et que la per
ception du droit équivaudra parfois à une véritable
confiscation. Le Tribunal de Reims, dans un jugement
du 24 février 1891 (1) expose qu'un pareil résultat est
contraire, non seulement à l'intention présumée, mais
à la volonté exprimée par le législateur. L'opinion
développée dans ce jugement a été confirmée par un
arrêt de la Chambre des requêtes de la Cour de Cassation en date du 13 janvier 1892, qui consacre le système de la déclaration unique.

Cet important arrêt venant après des décisions

(1) Droit 2 avril 1891.

judiciaires nombreuses, résume et précise toute la discussion ; nous croyons devoir le reproduire dans son entier.

La Cour « sur le moyen unique tiré de la violation « de l'article 27 de la loi du 22 frimaire an VII, par « fausse application de l'article 26 de la même loi, « de l'article 2 de la loi du 27 ventôse an IX et de l'ar- « ticle 1247 du Code civil, et par fausse interpréta- « tion des articles 4 de la loi du 28 décembre 1880 et « 9 de la loi du 29 décembre 1884.

« Attendu qu'aux termes de l'article 4 de la loi du « 28 décembre 1880, « dans toutes les sociétés ou « associations civiles qui admettent l'adjonction de « nouveaux membres, les accroissements opérés par « suite de clauses de réversion au profit des mem- « bres restants, de la part de ceux qui cessent de « faire partie de la société ou association, sont « assujettis au droit de mutation par décès, si l'ac- « croissement se réalise par décès, ou aux droits « de donation, s'il a lieu de toute autre manière, « d'après la nature des biens existante au jour de l'ac- « croissement nonobstant toutes cessions antérieures, « faites entre-vifs au profit d'un ou de plusieurs « membres de la société ou association », que « la « liquidation et le paiement du droit ont lieu dans la

« la forme, dans les délais, et sous les peines éta-
« blies par les lois en vigueur pour toutes les trans-
« missions d'immeubles ; » qu'aux termes de l'ar-
« ticle 9, §1er de la loi du 29 décembre 1884 « les impôts
« établis par les arlicles 3 et 4 de la loi de finances
« du 28 décembre 1880 seront payés par toutes les
« congrégations, communautés et associations reli-
« gieuses, antorisées ou non autorisées, et par toutes
« les sociétés ou associations dont l'objet n'est pas
« de distribuer leurs produits en tout ou en partie
« entre leurs membres. »

« Attendu qu'il résulte en droit, tant du texte de l'ar-
« ticle 4 précité, que de l'esprit qui a présidé à sa ré-
« daction, ainsi que des déclarations formelles et ex-
« plicites faites à cet égard, soit à la Chambre des
« Députés, soit au Sénat, que le seul droit auquel, en
« cas d'accroissement se réalisant par décès, puis-
« sent être assujetties les congrégations religieuses
« autorisées ou non autorisées, est le droit de 9 p. 100
« (11, 25 p. 100 avec les décimes) sur le montant de
« leur actif brut divisé par le nombre de leurs mem-
« bres ;

« Attendu qu'il résulte du jugement attaqué et
« qu'il est constant en fait que la supérieure de la
« Congrégation autorisée de l'Enfant-Jésus ayant

« sa maison-mère à Reims, s'est présentée le 14 juil-
« let 1890 au bureau d'enregistrement des huissiers
« de ladite ville pour effectuer le paiement total des
« droits ainsi calculés, soit 3, 506 fr. 20, auxquels
« par suite du décès de douze religieuses, l'assujet-
« tissaient les articles précités, mais que le receveur
« a refusé cette somme, en disant qu'il ne pouvait
« accepter que la déclaration et le paiement relatif
« aux biens situés dans son ressort, la congrégation
« susdite devant faire une déclaration spéciale et un
« paiement spécial dans chacun des quatorze autres
« bureaux dans la circonscription desquels elle pos-
« sède des biens, meubles et immeubles.

« Attendu que c'est vainement que la Régie sou-
« tient comme fondée cette prétention en l'appuyant
« sur le § 2 de l'article 4 de la loi du 28 décembre 1880
« aux termes duquel « la liquidation et le paiement
« du droit auront lieu dans la forme, dans les délais
« et sous les peines établies par les lois en vigueur
« pour les transmissions d'immeubles », qu'en effet,
« en droit, les formalités à suivre pour la perception
« d'un impôt ne sauraient jamais avoir pour résultat
« de conduire à des perceptions fiscales plus élevées
« que celles prévues et fixées par le législateur, et que
« c'est à ce résultat qu'on arriverait avec des déclara-

« tions multiples imposées aux congrégations, la per-
« ception du droit proportionnel devant aux termes
« de l'article 2 de la loi du 27 ventose an IX, suivre les
« sommes de 20 fr. en 20 fr., exclusivement et sans
« fraction, qnelque minimes que soient les mutations,
« quand bien même elles n'auraient pour objet qu'une
« valeur inférieure à 20 fr., et quelque nombreuses
« que soient les déclarations à faire dans les diverses
« circonscriptions.

« Attendu que si, aux termes de l'article 27 de la loi du
« 22 frimaire an VII, et par une disposition exception-
« nelle, les mutations de propriété par décès doivent
« être enregistrées au bureau de la situation des biens
« ou au bureau dans l'arrondissement duquel les
« meubles seront trouvés lors du décès de l'auteur
« de la succession, c'est à la condition qu'il s'agisse
« soit d'immeubles, soit de meubles corporels ayant
« une assiette déterminée ; mais que s'agissant dans
« l'espèce d'accroissement entre membres d'une con-
« grégation autorisée de femmes, personne morale
« qui est et reste seule propriétaire du patrimoine
« commun, malgré les décès successifs de ses
« membres, il ne se produit en réalité ni accroisse-
« ment ni mutation de biens ; que l'impôt se trouve
« ainsi établi sur une véritable fiction légale et que

« la part qui est censée transmise n'étant dès lors
« qu'une part d'intérêt dans une société, n'a aucune
« assiette déterminée ; que c'est par conséquent le § 4
« de l'article 27 de la loi du 22 frimaire an VII, aux
« termes duquel « les rentes et autres biens meubles
« sans assiette déterminée lors du décès sont décla-
« rés au bureau du domicile du décédé » qui doit re-
« cevoir ici son application. »

« D'où il suit qu'en disant que c'était à tort que le
« receveur du bureau des huissiers de Reims, bureau
« du domicile de la supérieure déclarante, et bureau
« du domicile légal des membres décédés de la con-
« grégation religieuse reconnue de l'Enfant-Jésus,
« avait refusé de recevoir la déclaration de l'actif to-
« tal de ladite congrégation, et le paiement du droit
« d'accroissement calculé sur cet actif total, et en
« déclarant nulle et de nul effet la contrainte décer-
« née par l'Administration de l'enregistrement le 2
« juillet 1890, le jugement attaqué n'a ni violé ni faus-
« sement interprété les articles visés au pourvoi,
« mais a fait une juste application des principes de
« la matière ; Rejette, etc. »

En résumé, les arguments développés de part et
d'autre sur cette question difficile ne nous semblent
pas de nature à faire cesser la controverse et il con-

viendrait, croyons-nous, de modifier la loi en indi-
quant exactement de quelle manière le droit doit être
perçu.

CONCLUSION

De l'étude, que nous venons de faire, on peut conclure que, la législation relative aux congrégations de femmes légalement reconnues est, en somme, suffisante pour permettre aux pouvoirs publics de faire respecter et de protéger les droits de la société laïque contre les dangers qui peuvent résulter de l'existence de ces associations, auxquelles l'extension de la mainmorte, notamment, finirait par donner une puissance redoutable.

La loi de 1825 est certainement une des plus remarquables qui aient été élaborées au cours de ce siècle, et le commentateur demeure étonné en présence de ses dispositions si nettes et si complètes, inspirées par un esprit plutôt libéral, nous dirions volontiers laïque, à une époque, cependant, où des tendances tout autres prédominaient.

Le décret de 1852, malheureusement, est venu supprimer dans une certaine mesure, les garanties offertes par la loi de 1825, mais il n'a pas touché, et c'est là le point essentiel, aux règles fondamentales posées en ce qui concerne la capacité des congrégations.

Au point de vue fiscal, quelques améliorations seraient nécessaires.

La taxe de mainmorte est, à notre avis, manifestement insuffisante. On a cherché à remédier à cette insuffisance en étendant des impôts déjà existants aux congrégations : le droit de 3 0/0 sur les valeurs mobilières, presque inconnues au commencement du siècle et qui ont acquis, depuis une quarantaine d'années une si grande importance et le droit d'accroissement. Nous avons vu à quelles difficultés donne lieu la perception de ces divers droits. Il conviendrait, selon nous, de remanier cette législation fiscale et de la remplacer par des dispositions plus précises, de manière à imposer aux associations religieuses des charges en rapport avec celles que supportent tous les citoyens, tout en évitant, pour l'avenir, les contestations soulevées par l'interprétation des lois en vigueur.

Ces modifications trouveraient certainement leur place dans un projet de loi régularisant la situation des associations de toute nature qui existent sur le territoire français.

POSITIONS

POSITIONS PRISES DANS LA THÈSE

—

DROIT ROMAIN

I. — Sous la République, à Rome, une association pouvait prendre naissance sans autorisation.

II. — Les *collegia tenuiorum* ont dû former, sur la fin de l'Empire romain, des sociétés analogues aux sociétés de secours mutuels auxquelles ils se rattachent par l'intermédiaire des confréries.

III. — Les *collegia tenuiorum* jouissaient de la personnalité civile la plus étendue.

IV. — L'institution des *collegia tenuiorum* a contribué, dans une large mesure, à l'amélioration de la condition faite à l'esclave par le droit civil.

DROIT FRANÇAIS

I. — Un décret suffit pour révoquer l'autorisation accordée par simple décret à une congrégation.

II. — La maison-mère et les établissements, qui en dépendent, ont une existence absolument distincte au point de vue de la personnalité civile.

III. — Une congrégation religieuse reconnue peut ester en justice sans autorisation.

IV. — La loi du 29 décembre 1884 est applicable aux congrégations autorisées.

POSITIONS PRISES EN DEHORS DE LA THÈSE

—

DROIT ROMAIN

1° L'absence de représentation, en droit romain, a été longtemps un obstacle au développement de la théorie de la personnalité civile.

2° L'accusation de lèse-majesté ne conserva pas sous l'Empire le même caractère que sous la République.

3° La compensation légale n'a jamais existé à Rome.

4° Le mariage ne se formait pas *solo consensu*.

DROIT CIVIL FRANÇAIS

1° Les sociétés civiles ne sont pas des personnes morales.

2° L'article 542 du Code civil définit mal le domaine privé de la commune.

3° L'enfant naturel a droit à une réserve.

4° L'article 900 du Code civil a un caractère impératif.

DROIT CONSTITUTIONNEL

Il n'y a dans l'État que deux pouvoirs principaux ; le pouvoir législatif et le pouvoir exécutif.

DROIT ADMINISTRATIF

Les Ministres sont juges de droit commun du contentieux administratif au premier degré de juridiction.

DROIT DES GENS

La théorie des nationalités est arbitraire.

DROIT INTERNATIONAL PRIVÉ

L'étranger peut adopter et être adopté en France.

Vu : Le Président de Thèse,

    Th. DUCROCQ.   Vu : Le Doyen,

                COLMET DE SANTERRE.

Vu et permis d'imprimer :

Le Vice-Recteur de l'Académie de Paris,

    GRÉARD.

TABLE DES MATIÈRES

DROIT ROMAIN

Les collegia tenuiorum

DROIT FRANÇAIS

Les congrégations religieuses de femmes légalement reconnues

Orléans. — Imp. G. MORAND, 47, rue Bannier.